The Inability to See the Other Side of Reality

PSYCHOPATH/CHILD MOLESTER/SOCIOPATH

CONFLICT RESOLUTION TO A TRAUMATIC EVENT

Nery Roman

I was raised by **animals**

INFINITY PUBLISHING

Copyright © 2014 by Nery Roman

ISBN 978-1-4958-0277-5

Printed in the United States of America

Published October 2014

INFINITY PUBLISHING
1094 New DeHaven Street, Suite 100
West Conshohocken, PA 19428-2713
Toll-free (877) BUY BOOK
Local Phone (610) 941-9999
Fax (610) 941-9959
Info@buybooksontheweb.com
www.buybooksontheweb.com

The book is dedicated to anyone who has gone through a traumatic event without proper guidance and support to heal from the trauma. It provides a graphic description of a real-life experience living with a psycho, a middle brother child molester.

I thank everyone who helped me write this book to create awareness on psychopathy.

Available for anyone, this book is easy to understand. It is a mix of personal information and research.

Book is in English/Spanish

Introduction

Trust no one when it comes to your children.

The child molester is on the loose, and he is a risk for society

Stop being quiet!

When you see abuse, you need to

Talk and report it.

My job is to create awareness.

There is not enough awareness on psychopathy, on sociopaths and child molesters. This book will help millions understand who they are. Once we identify them, we create a safer world for our children and our families.

They fooled me when I was a child, but they cannot fool me now. It is my time to tell my story and help others.

Never leave your child unattended or with a stranger. Things tend to happen — and they do.

THE BUTTERFLY, THE NEW YOU

When you come to understand what happened to you, you can become a new you. You can change when you stop being a victim and realize who you are.

Psychos are charismatic, loving, sweet individuals who like to help the community. Most of all, they want to get close to your child.

You are no longer a victim; you are a survivor.

Be a survivor. You can cure yourself. Even when no one else listens to you, you can become a new you, the butterfly....

They used me; they had no compassion and no empathy for their continued abuse and inducement of trauma. I have no compassion talking about them, and the information will help others...

I want to make it clear: when I mentioned the word family in this book, it refers to the two brothers, mother, and father (passed away). Other relatives or family members are not part of the book, since they have nothing to do with the story, and they cannot go after this writer.

Names used to create this book are fictitious, to protect the real family. The true story used aims to create awareness and help families with children.

The more we are at peace with ourselves, the more we find peace with each other. God helped me, and my family move forward in a healthier life and relationship, amen.... Do not allow your children to talk to strangers online without proper supervision.

Sexual abuse has a long-lasting effect: I grew up surrounded by animals in the wilderness suffering from the typical inability to see the reality of psychopaths!

This story began when this writer was eleven years old. An innocent child raised in the wilderness by animals. Raised by wolfs; it took a couple of lessons in life to understand the people around me. Raised in the middle of nowhere, under continuous attack. The mother did not give me the necessary tools to confront life and how to deal with situations. She wanted to keep me as ignorant as possible in my early years, creating a danger for me as a child.

Freud used a concept to explain recurring patterns of self-defeating and self-destructive behaviors, which are called "repetition compulsions." Freud and Einstein's "instinct and survival letters" suggest there is no other dark beast that we cannot tame other than ourselves. We can find the answers within us and survive. The mysteries — as well as the answers — to human behaviors lie in how we, as individuals and as a society, counterbalance our fears and aspirations. We all have the drive to compete, the need to care, a desire to connect and be free. Einstein and Freud said, "The more we are at peace with ourselves, the more we can create peace with each other."

Small Note of Awareness

This book was written to create awareness on some aspects of psychopathy, including important signs to look for in child molesters, childhood risk factors, female psychopathy, androcentrism, psychological consequences, the social skills of child molesters, and the means of conflict resolution in order to deal with psychopaths.

In order to connect with readers, this writer is using her personal experience to illustrate points related to psychopathy and child molesters. The psycho (middle brother) who is a socially skilled child molester is on the loose; he is a danger to society. The Florida authorities decline the accusation due to the Statutes of Limitations. The writer feels it is her responsibility to provide a testimonial to help others who might be in contact with the aggressor. He is a socially skilled child molester who managed to abuse his little sister sexually from age eleven to seventeen. Fifty percent of all sex offenses to children are not a result of pedophilia.

Awareness on Psychopathy

Part of the solution is to create awareness on psychopathy among men and women. Such informational guide will make it simpler to stop potential perpetrators, especially those socially skilled child molesters.

Defining the characteristics of psychopaths through actual examples would hopefully prevent the attacks from the silent snakes. They know who they are, do we? The main purpose is to show readers how to recognize a psychopath and how to differentiate them from us. We need to be able to see the unseen and find the true face behind each smile and ask, "Why is he or she so nice — what do they really want?"

My story will highlight my experiences living with a psychopath, a socially skilled child molester. The real events laid out in this book make for an excellent source of information, on psychopathy and sexual manipulation. The descriptive examples will show samples dysfunctional character. The psycho prompts us to put up a warning sign: DO NOT TRUST EVERYONE YOU MEET.

This writer's past encourages a new future and hope for families.

Unfortunately, when a child is left unattended or left to someone considered "familiar," someone we can trust, things tend to happen. We cannot blind ourselves through the eyes of the predators. Trust NO ONE when it comes to your children.

The solution is to prevent reoccurrences. This writer has helped many people, especially women, with counseling. As parents and as a society, the main goal is to protect our children. Protection comes from prevention, and prevention can only happen with education. When we educate ourselves, we can protect the people around us, which can potentially create a safer and brighter future for our children.

The writer's values are as follow: humility, family, truthfulness, integrity, unity, love, care, compassion, and doing what is right. In the mind of a psychopath, not even half of these values exist. Ignorance is the worst nightmare when dealing with a true psychopath.

Readers will be able to recognize psychopathic characteristics described in this book. It was not easy to write this manuscript, but its educational value outweighs other considerations.

Chapters provide explanations, personal experiences, literature review, and typical characteristics of psychopaths. Signs for review are: oral communications, lying, childhood risk factors, manipulators, female psychopathy, a short explanation of androcentrism, the socially skilled child molesters, psychological consequences, and the conflict resolution in order to deal with psychopaths and socially skilled child molesters.

Contents

I.   Carl Jung and the Other Side of Reality 1
        Other things to consider. 2
II.   The Male Syndrome: Small Example
        of Androcentrism 5
III.   What Is Psychopathy? 9
IV.   Characteristics of Psychopathy – Theories 11
        ~ Dr. Karpman ~ 12
        ~ Dr. Hare ~ 13
V.   Three Important Signs to Look For 15
        1) Oral communication 15
        2) Fibbing 15
        3) Manipulation 16
VI.   Childhood Risk Factors 19
VII.   Female Psychopathy 21
        BPD: Borderline Personality Disorder 23
VIII.   Socially Skilled Child Molesters 27
        Declining Sexual Libido 31
IX.   Psychological Consequences 33
        Survivor Connection with Others:
        The Aftereffect 33
        The Disrupted Relationship 34
X.   Checklists 37
        Hervey Cleckley's List 37
        Robert Hare's Checklist of
        Psychopathy Symptoms 38
XI.   Conflict Resolution 43
        Resolution after the Trauma
        "The Butterfly Effect" 45

I

Carl Jung and the Other Side of Reality

Carl Jung, in his book Bad Men, Do What Good Men Dream; says everyone has a "shadow" as part of the unconscious. This shadow contains repressed desires, weaknesses, and primitive animal instincts. Jung goes on to conclude that the less we acknowledge that shadow, the less it forms part of the individual's conscious life. The more we deny our evil thoughts, the more it makes us at risk of being controlled by them. It is important to find help if needed and be able to see the other side of reality.

The Inability to See the Other Side of Reality is rich with information and research to guide parents and create a watchful consciousness on what could happen to the unattended child. The experience of living with a psycho was, for the author, an eye-opener. The psycho results verified high probability on the PCL–R Psychopathy Checklist-Revised. His powers are to control and dominate; to manipulate family and friends toward his advantage. He exhibits lack of emotion and remorse. Glibness, superficial charm, pathological lying, poor behavior controls, promiscuous sexual behavior, and many other factors establish the psycho as a full-blown psychopath. Dr. Hare's (2003) checklist, now called the PCL-R Psychopathy Checklist, is meant to be used by trained mental health professionals who both interview and review people's psychopathic history. Psychopathy is a factor when a child is used to satisfy the sexual urges of the perpetrator. His actions and character match the profile of a child molester and a psychopath.

Victims are the most-powerful source of information to protect our children from child molesters. Conversely, sexually molested individuals are the best "informants" as a result of their experiences. We can name the molester and provide detailed information regarding the abuse. We tend to keep quiet for many different reasons—such as fear, shame, and embarrassment. Telling about the abuse continues to be frightening and emotionally difficult to express. A brother is supposed to protect his sister, not harm her in the nastiest ways. The actions of the psycho towards a minor, his sister, are incomprehensible. Too often, as victims, we fail to understand how this information can protect others; instead, we continue to keep it a secret. One of the best avenues is to talk about the event, which helps get rid of anger and pain.

Other things to consider.

For example, when this author told her mother and oldest brother about the abuse, they disbelieved and did nothing to stop the abuse; on the contrary, the mother kept accepting the abuse. They are the type of people who cannot see the other side of reality, they are blind. The psycho lives with Mom, and he keeps taking pictures with family and friends having a great time on Facebook. The writer's mother steady campaign to protect the abuser has made people think or believe something else. What reasons do this author has to lie about these horrendous acts? What is to gain? Nothing! It is all true.

Nevertheless, after telling my oldest brother about the abuse, his reply was "Not true, I can believe whoever I want, and I believe him" and he has remained affectionate and in contact with the aggressor. The oldest brother has no empathy or sympathy for the abuse. He has "selective empathy" for certain people, but no empathy or sympathy for the victim. Bottom line, the family members in general don't want to believe there is a psychopath within the family and that he has abused this writer. I created a book, for awareness, and to help other families. Sometimes we don't see how dangerous society can be. Nevertheless some family members do become accomplices of the predator, just because he is part of the family or because is hard for them to believe, and the lack of knowledge or understanding what a psychopath is capable of doing. The psycho has been able to manipulate and control the family. Now, it is up to this author to help families unravel the real person behind the mask of sanity and effectively deal with a psycho. The Inability to See the Other Side of Reality delves into and deals with the other side, which hides and manipulates. Its traits show the lack of emotion and remorse, glibness, superficial charm, pathological lying, poor behavior controls, promiscuous sexual behavior, and many other factors.

II

The Male Syndrome:
Small Example of Androcentrism

What is androcentrism? Androcentrism is the practice of placing the male opinion at the center of one's view of the world and its culture. There is a correlation between psychopathy and androcentrism. Things tend to go wrong in a dysfunctional family managed by the wrong people following this male syndrome. The two brothers, father and mother, were dominated by the male syndrome; meaning "men" were the one who ruled.

Androcentric and narcissistic personalities were always present in the family. When I left Cuba, I had no one to protect me against evil; I became the *estorbo* in a family ruled by the "male" figure, which made it easier for the psycho to attack. Families manipulated by the male figure suffer from male domination, their interest are exclusively on the male point of view. Worse, these families often neglect to listen to women's opinion. A family dominated by the "male" syndrome can be a dangerous setting, especially when a male psychopath forms part of the family. They simply ignore the women in the house, often mistreating them. There are no rules on the psycho's games. In my case, my mother never believed the accusations; she did not know her son is a sick person, a psycho/sociopath/child molester. It is important for readers to understand the psychology behind psychopathy and their methods of operation as there is not one unique way one can fully understand a psychopath. This writer can recognize a psychopath by the glare in their eyes, general appearance, facial expressions, and conduct. Their diminutive eyes are part of their profile. They tend to be sickening. They like to hide behind masks to come across as a nice guy or a nice woman. The masks work so well that we cannot see who they are, and we become a prey, because we suffer from the inability to see the other side of reality.

This writer's mother is unwilling to accept the fact that she has a child molester for a son, preferring to live in ignorant bliss. She facilitated for him the opportunity to molest his sister, delivering her directly to the "hands" of evil. She is totally oblivious as to what happened, refusing to recognize or acknowledge the situation; worse, she even went as far as badmouthing this writer by calling her crazy and a fabricator. This writer's mother has lived in ignorance all her life, believing the abuse never happened and thinking it will go away. This author firmly believes that her mother was fully aware of the ongoing abuse, but rather than confronting the situation, she instead hid it. Her main motive was to hide the abuse, in order to protect him from my father's aggressive behavior.

Psychopathy **is not** a "mental illness," and those who exhibit it do not have a mental incapacity. They can rationalize with their calculating minds, their minds treating situations as some form of game. Their souls are evil. Psychopaths learn from the past, but selectively learn what served their interest, not what society wants them to learn (Samenow 1984).

My mother who wanted to pursue work, did not have enough time to take care of me; my father, on the other hand, was always drunk, so all he did was go out and drink with his buddies. I was left alone and in constant danger, but I was too small to suspect its presence in my home. Since they did not have anyone to take care of me, they had the psycho look after me. Once I got out from school, he would be there waiting for me—his prey. I became the target, the recipient of his demonic acts. He had a girlfriend at that time, but he was touching me rather than her. Why was he using me as a toy to practice with? He is clearly sick to do that. I was eleven, and he was eighteen years old when he first attacked me. It was a nightmare! In his sick mind, he saw an opportunity and took it.

Even though I know he is a sick individual, clinically he is a psychopath/sociopath/child molester. Why keep his attention on me? Why couldn't he just let me be like other brothers who care for and protect their little sister? The answer: he has a personality disorder. He is a psychopath/sociopath/child molester who, with his many issues, keeps hiding behind his mask. I feel sorry for the people who still believe the psycho.

This writer firmly believes that people around you can either help you heal or destroy you utterly. In my case, my husband has helped me get over some of my fears and grow emotionally. He has been part of my cleaning process, someone stable that cares for my well-being.

Writing this book has taken some of my anger out; on the other hand, some parts of it make me sick to my stomach. From this experience, I would suggest that victims write and ask questions about the traumatic experiences. For example, they can write down, "How can a brother molest her little cute sister?" The answers to these questions here.

One day, this writer overheard someone stating, "He is such a nice, friendly person." Indeed, a child molester may appear to be a sweet, lovable man by just turning on a switch. This capability makes them more frightening and sickening. It only proves how manipulative psychopaths can become. They could quickly try to affect compassion; a quality psychopaths like to display about. We can compare psychos to cats, always marking their territory and using their openness as a form of manipulation, but behind hides the true psychopath.

III

What Is Psychopathy?

Psychopathy is a psychological condition in which the person shows a profound lack of empathy for the feelings of others, a willingness to engage in immoral and antisocial behavior for short-term gains, and extreme selfishness. Psychopaths do not fear the negative consequences of criminal or risky behavior and are relatively insensitive to punishment—that is, they tend not to be deterred from their self-serving behaviors by criminal or social penalties. Because of their unfeeling and incessant drive to take care of their self-interest, psychopaths can be described as predators, to such a degree that anyone who can feed their need at the moment is a potential prey. In many cases, psychopaths can be very close to your family, and some of them are individuals responsible for the care and supervision of their victims.

Psychopaths are at increased risk of engaging in both reactive and instrumental aggression. Instrumental aggression (sometimes called proactive or predatory aggression) is planned, controlled, and purposeful, and is used for a particular aim, for example, to get drugs or sex, or just to establish dominance. The primary goal is not necessarily to injure others, but only to obtain the desired outcome. Aggression is an emotional reaction. Reactive aggression, on the other hand, is much more impulsive, depicting emotion driven by a perceived threat, attack, or uncontrolled anger (Schouten and Silver 2012).

Psychopaths are often superficially charming and glib; they frequently take advantage of others because they know that acting genuinely friendly and helpful is a useful strategy for getting what they want (Schouten and Silver 2012). To a psychopath, a punch in the face and lie hidden behind a warm smile are merely separate tools they use in different circumstances; bottom line: do not trust them. Rather than being delusional or having difficulties perceiving reality, psychopaths know exactly what they are doing. It might be preferable to assume that people who systematically commit unprincipled acts somehow just aren't aware of the harm they are causing. The fact is that psychopaths simply don't care whether they humiliate or injure others. Nevertheless, some are not serious criminals, and sometimes they manage to avoid involvement with the criminal justice system.

Many psychopaths know how to hide behind the crimes committed, and are thus not captured by the law. What protects them? Some of them, know how to control their self-serving behavior, so they remain perhaps just barely within the bounds of legal action. One method they use is manipulating others and covering up their tracks, which makes it easier for them to escape. Similarly, being caught will "mean" they cannot get away with what they want. Psychopaths and socially-skilled child molesters use their abilities to control and dominate their victims till the end. They manage to use friends, colleagues, and family members to cover their traits. It is frightening how they can be extremely manipulative and controlling. Learning and exploring their behavior will help us understand— and uncover—the psycho.

IV

Characteristics of Psychopathy – Theories

According to Dr. David Lykken (1995) in his book The *Antisocial Personalities*, psychopaths are apart from other deviants. Brain studies suggest that psychopaths have abnormal brain activities. Psychopathy is a constellation of affective, interpersonal, and behavioral symptoms that are characterized as manipulative, charming, glib, irresponsible, selfish, callous, impulsive, aggressive, non-empathic, and experiencing little remorse or guilt as a result of one's injurious and antisocial behavior (Hare 2003). Are neglected children more prone to psychopathy? Indeed, studies show children ignored are at risk of psychopathy and bullying (Lykken 1995). Again, one should understand that psychopathy is not a mental illness, but a personality disorder. Although there is a subjective quality to diagnosing personality disorders, research has proven that those who have personality disorders display a rigidity or inflexibility in their thinking, feeling, and behaviors, which consequently impair their capacity to function with others in a larger societal context (Cleckley 1988).

In the same way, Cleckley defines psychopathy as a pervasive personality disorder in which there is a disregard for the feeling of others and the rules of society (Cleckley 1988). These personality disorders are personality types that deviate from societal expectations of acceptable behavior. Who are these people? Are gender comparisons well understood? We often think of psychopaths as disturbed criminals who capture headlines and crowd prisons (Hare 1999). When caught, psychopaths pass themselves as having psychological issues. Dr. Hare (1999) explains that psychopaths want others to believe that their antisocial ways are the result of mental deficiency, an excuse widely used as a "diagnostic bible" for mental illness.

Not all psychopaths are killers. Psychopaths are men and women you might know who move through life with supreme self-confidence, but without a conscience.

Why is this worthy of investigation? The answer the writer's personal experience living with a child molester and a psychopath who carried on his deeds unrestricted. The author realizes that for every child close to him, such situations are ripe for danger. As an advocate for peace, it is important to create awareness. Neumann (2007) identifies psychopathy as one of the most-recognized personality disorders today. This book will present a well-balanced analysis comparing women and men psychopathic behavior. Dr. Hare (2003) notes that it is vital that further research is conducted to identify which characteristics are most representative of psychopathy between genders and how they express their syndrome. The conspicuous focus on psychopathic personality is in part due to its significant link with violence, aggression, and other externalizing pathology (Hare 2003).

This writer came across different theories expounding on the subject of personality disorder, and, in doing so, have identified several possible influences that facilitate the onset of a psychopathic personality disorder. We now turn to examine family environment, abuse history and neurological profile as factors in effecting—and predicting—psychopathy.

~ Dr. Karpman ~

Karpman's (1941) seminal work distinguishing between primary and secondary psychopathy provided the basis for subsequent theories and research on its variants. It is important to recognize Karpman's idea of association between primary and secondary psychopathy. Primary psychopaths want everything; they are narcissistic, deviant, and sneaky. Psychopaths are evil. They are hunters stalking a prey. First, they mark the place to hunt; second, they find their prey; third, they catch their victim; and, lastly, they use such victims in their gruesome evil acts.

According to Dr. Karpman (1941), the principal distinction is based on the etiology of behavior. He explains that primary psychopaths have their roots in an affective deficit that is congenital, whereas secondary psychopaths trace their behavior to an affective disorder that develops as a result of interactions with a dangerous environment. Primary psychopaths display such personality traits as being egocentric, manipulative, deceitful, and showing lack of remorse toward their victims and the universe. As for secondary psychopaths, he noted they show symptoms of emotional adaptation to harmful factors in their home environments. Karpman (1941) argued that secondary psychopaths generate characteristics of psychopathy in an effort to cope with adverse conditions of abuse and parental rejection. Abuse can manifest in families under certain conditions—for example, when alcoholism, drug abuse, and neglect are apparent. Parents who exhibit an addiction to alcohol or drugs are more likely to have children who develop psychopathy and other neurological disabilities.

Karpman (1941) also theorized that primary and secondary psychopaths differ in their core affective and interpersonal features, along with their level of impulsivity and aggression. He argued that secondary psychopathy carries with it underlying depression, anxiety, and character neurosis not present in primary psychopathy.

~ Dr. Hare ~

Dr. Hare (1999) describes psychopaths as predators who use charm, manipulation, intimidation, and violence to control others and to satisfy their selfish needs. Many use persuasion to get what they want, using charisma to intimidate and manipulate. This blameless attitude, manipulation, and charm are used to show they are good people. Psychopaths are skillful at saying one thing and doing another, and telling people what they want to hear to buy time for their next scheme. They could be extremely influential toward others. Their inability to form attachments or empathize toward others (among other things) results in psychopathy. Karpman (1941) also believed that primary psychopaths have an "absent conscience," whereas secondary psychopaths have a "disturbed conscience." Further, secondary psychopaths experience the same high level of hostility as primary psychopaths, but secondary psychopaths remain capable of experiencing higher human emotions such as empathy, guilt, love, or a desire for acceptance. Primary psychopaths are less impulsive than secondary psychopaths. Karpman (1941) also suggested that primary psychopaths get involved in their actions to maximize their gain or excitement, whereas secondary psychopaths often act reactively from emotions such as hatred and revenge.

Karpman (1941) believed that this reactive response is a result of the secondary psychopath's underlying neurotic conflict. You might ask, "What is "neurotic conflict?" According to Freud, in general, a neurosis represents a critical instance where the ego attempts to deal with its desires through repression, displacement, etc.... Also, it can be associated with such disorder as hypochondria or neurasthenia, arising from no apparent organic lesion or change and involving symptoms such as insecurity, anxiety, depression, and irrational fears, but without psychotic symptoms such as delusions or hallucinations.

Karpman's (1941) theory positioned his work for further exploration of the originally found background of secondary psychopaths, which feature the history of physical and sexual abuse by 70 percent, compared to the corresponding figure for primary psychopaths, 58 percent.

V

Three Important Signs to Look For

Three of the most important signs: they demonstrate abundant talent at oral communication, fibbing, and manipulation.

1) Oral communication

Psychopaths know they are different. An important trait common for some of them is their oral communication. As such, they can jump into any conversation without shyness. Some of them are motivated to read people, make friends, and ensure they get what they want out of each friend or relative. It is very easy for them to gather enough information about **you** and find what you like or dislike. They can certainly know what your needs are, your drive, your attitude, your weaknesses, and vulnerabilities. They have adopted a new, unique way of life: lying unhindered by conscience.

They switch keys until they find the right one to open the door and guide them to their needs and wants. Whatever the situation, they are always right, and we are wrong. They will act as if they were the victims and we were the bad guys who can't understand what their needs are. They are sharp in some ways but ignorant in others.

2) Fibbing

Why do they lie? It is hard to catch them on a lie, but nothing is impossible. Most people cannot perceive their lies because they use expertly crafted lies. The lying serves many purposes; for example, to alleviate the distrust or concerns of the victims and to strengthen their elaborately constructed fiction. As Dr. Hare mentioned in his book, *Snakes in Suits*, they use art when creating their stories and explanations. Using entertainment and explanation, their artistic stories help them convince others. These psychopathic individuals are remarkable at not showing emotions. They cannot feel; they have no face; they have no emotion, and can project their stories with no facial expressions. Indeed, Hare (2003) describes them as "artists"—outstanding performers—who are highly effective at creating convincing stories and explanations. Practicing an open mind and heart as the main key to an understanding psychopathy, one should be able to reveal the unseen.

How to know these people? For one, learning and reading more books on the subject would help. We must remember they are chronic, systematic liars. Most observers do not see through their lies, but if we focus on the details—such as what's behind their typical out-of-the-box charm and artistry—we should see their real identities.

Dr. Hare and Babiak explain the practice of lying and convincing disposition to form a charming persona reinforces an environment of trust, acceptance, and a genuine delight. They become masters at making others think they are good examples to society. Their main purpose in life is to create acceptance and have others believe everything they say, which empowers them to continue lying.

3) Manipulation

Psychopaths are excellent at manipulating others. (In the author's case, the psycho used manipulation to build trust and have everyone in the family, including the mother, trust all he said.) They go after their prey and little by little get what they believe are theirs. With no feelings or emotions involved, they can continue to do what they want. Their compulsion to do everything possible to get what they want is, to them, a game. Their minds are like a board game overlord controlling the players. Manipulators systematically plan to take advantage of others. The psycho, for example, used personal circumstances to manipulate people in unique ways. When under surveillance, it is harder for them to harm their victims, but without supervision, securing their target becomes easier. As they have never learned how to interact positively with adults, many of them seek children. Manipulation presents various forms of danger for the intended victim.

Child molesters try to control others without being open, honest, and direct about their real intentions. Psychopaths and child molesters particularly like to manipulate their victims, families, or anyone close to them when they can get "something" out of them. To that end, they would try to squeeze the juice out of every situation or circumstance. We recently heard of Castro, who used manipulation to keep victims in place and control. He later says in court he is not a monster—yes, he is not only a monster, worse, he was pure evil and a manipulator.

The psycho is a manipulator; he can outwit the whole family, especially with the help of the mother—the enabler. Many people believe he is a real person. He is not smart—not at all, but when it comes to evil and manipulation, he becomes vicious. The best way to protect us from evil is by talking—by asking questions and communicating with everyone; this serves not only to keep our children safe, but the community as a whole. With its enormous potential to damage people, manipulation must be taken seriously; the end is always catastrophic for those people who allow others to manipulate them. Little by little, the manipulator takes control of his/her victims and later attack. I tried to caution the family on how dangerous the psycho can be by providing detailed information of the offense. It was all in vain—they did not listen. The psycho has been able to manipulate them with the help of my mother's campaign. At this time, I can recount the story and create awareness, but is up to people to believe. Individuals need to open their eyes and minds to see the unseen, the hidden patterns, to understand who to trust, who not to trust, and why. The results can be devastating when we accept these monsters in our lives. I am thankful that through the creation of this book, I can help others.

VI

Childhood Risk Factors

I remember how much the psycho would bother me when we were small—holding my feet to stop me from walking, for example. I cried a lot. I was always scared and very shy. I would get the attention from the family, and this would bother the psycho. Research mentions that middle children grow up with issues and feelings of abandonment. From one of my aunts, I heard "the psycho had trouble socializing with other children." As his issues started from an early age, this writer is certain the mother knew he was a psycho but hid the fact. I was too little to notice anything. Psychopathy does not miraculously appear later in life; some carry the personality disorder from birth. Research clearly indicates painful experiences can create a personality disorder later in their lives. This manifests through a persistent pattern of antisocial behavior during childhood and adolescence, such as violating social rules, aggression toward animals or other children, destruction of property, deceitfulness, theft, and serious rule violations. Six different diagnoses are used in the DSM-IV for childhood antisocial behaviors. These are:

1. Conduct Disorders, which involve a pattern of aggressive behavior toward people or animals, destruction of property, truancy, a pattern of deceitfulness, and serious violations of rules at home or school.

2. Oppositional Defiant Disorder (ODD) - Such children and adolescents usually exhibit a pattern of defiant

and disobedient behavior, including resistance to authority figures, albeit not as severe as Conduct Disorder. Including recurrent temper problems, frequent arguments with adults, and evidence of anger and resentment. Additionally, the rebellious child/adolescent will often try to annoy others.

3. Disruptive Behavior Disorder Not Otherwise Specific (DBD-NOS) - This is a category for those who show ongoing CD and ODD, but who fail to meet the criteria for either diagnosis.

4. Adjustment Disorder: With Mixed Disturbance of Emotions and Conduct - This is an array of antisocial behaviors and emotional symptoms that set in within three months of a stressor and fails to meet the criteria of previously mentioned disorders.

5. Adjustment Disorder: With Disturbance of Conduct - This is similar to the other adjustment disorder, but with antisocial behaviors only.

6. Child or Adolescent Antisocial Behavior - This category is for isolated antisocial behaviors not indicative of a mental disorder.

VII

Female Psychopathy

Research explains that female psychopathy is especially nebulous. Behavioral science experts are willing to accept that women may engage in reactive violence, such as engaging in self-defense, but they refuse to accept the notion that females would be willing to take their time and plan a violent act.

This perception reveals why it's so difficult for people to picture women as psychopathic predators (Pearson 1998). Women are presumed to have a parental response, even if it's an anguished response or a crazy one. When a woman grows wild and furious with her child, she is seen as showing an engagement behavior (Pearson 1998). What if the child has no ability to affect her at all? That child is invisible, annihilated. The most-dreadful cases of child abuse are the ones in which a child was ignored or neglected. Nothing can be more threatening to a child's ego as maternal indifference and neglect (Pearson 1998).

Although men are more likely to show characteristics of psychopathy than women, Cleckley (1988) included female subjects among the prototype cases in the *"Mask of Sanity,"* suggesting a full syndrome of psychopathy occurs in both genders. According to psychopathy expert Dr. Hare (1999), there are many clinical accounts of female psychopaths, but relatively little empirical research was found. This writer believes gender stereotypes and sex role judgments are some of the causes for lack of research on female psychopathy. Some individuals tend to connect antisocial behaviors of women as a form of personality disorder or borderline disorder.

When compared to the data provided by Dr. Hare (2003) for male offenders, differences in the factor loadings from the Psychology Checklist-Revised (PCL-R) differ from the female offender samples. Dr. Hare (2003) explains that in similar studies using self-report for comparison, males tend to score higher on these measures than females, although this model studies finding show no significant gender differences. It is very interesting how Dr. Hare goes on and demonstrates the generality of psychopathy and its measures across gender, while noting that it is also necessary to consider the comparability of instrument structure and item functioning.

As defined by Dr. Hare (1999), there is an inconsistency structure across gender that could be considered limitations of the original factor model. Dr. Hare (2003) and his colleagues conducted a detailed examination utilizing a model and 138 female inmates. They found results that some psychopathic individuals may not benefit from treatment, and raises the possibility of gender differences in treatment and response.

Woman's psychopaths are narcissistic. They use others as means for their gratification and dump them when no longer needed. Woman's psychopaths always take, never give, and use sympathy as a means to prey on others. Specifically, they take on the countenance of a victim in order to prey on weakness they see in others—they look weak, pitiful to garner attention and compassion to lower the guard of the intended victim. Also, some females use sex as a hook to juggle multiple victims into tangled relationships. As an example, in the movie Heart Breakers, released in 2001, both women drained their victim's energy and money until they served no more purpose to them.

Research across gender indicates that relationship between psychopathy and criminal and violent behavior have been inconsistent. The finding reflects broader inconsistencies in the development of antisocial and aggressive behavior across gender. Gender differences in development (aggression) across childhood and adolescence may contribute to alterations in base rates of psychopathy. Researchers found a less powerful prediction of violence in female vs. male samples. Dr. Hare (2003) states that only a few studies have been conducted to examine the relationship of psychopathy, criminality and incarceration, and other forms of psychopathology in women.

A recent example is Jody Arias, a cold-blooded murderer, a calculating and manipulative psychopath. Her main goal is to achieve her end without getting caught. Using lies, Arias made herself close to investigators to find out what was going on. Psychopaths get a thrill from close encounters with victims, authorities, in making people believe while they get away with murder. Jody Arias can disconnect "quickly" from reality. Arias's awkward behavior, immaturity, egocentric and narcissistic personality shape her psychopathy. She is a dishonest person who is trying to get away with murder. Part of her pathology is lying; she cries or gets a headache trying to get empathy from others. She probably cries because she feels sorry for herself. Her psychopathy is all about her. Another aspect makes it hard for some people to see Jody Arias as a psychopathic killer, noting "She is beautiful." Looks have nothing to do with women and men psychopathy—personality disorder has to do with brain function. Arias suffer from borderline personality disorder and psychopathy. Sometimes, people who suffer from borderline personality disorders do not cover up their tracks; they kill themselves after they have committed or finalized their evil acts.

BPD: Borderline Personality Disorder

The main feature of borderline personality disorder (BPD) is a pervasive pattern of instability in interpersonal relationships, self-image, and emotions. People with borderline personality disorder are usually very impulsive.

This disorder occurs by early adulthood. The unstable pattern of interacting with others has persisted for years. Shallow forms of relationships and emotion are typically displayed by people who suffer from BPD.

A person with this disorder will often exhibit majority of the following symptoms:

> Frantic efforts to avoid real or imagined abandonment

> A pattern of unstable and intense interpersonal relationships, characterized by alternating between extremes of idealization and devaluation

> Identity disturbance, such as a significant and persistent unstable self-image or sense of self

> Impulsivity in at least two areas that are potentially self-damaging (e.g., spending, sex, substance abuse, reckless driving, binge eating)

> Recurrent suicidal behavior, gestures, or threats, or self-mutilating behavior

> Emotional instability due to significant reactivity of mood (e.g., intense episodic dysphoria, irritability, or anxiety usually lasting a few hours and only rarely more than a few days)

> Chronic feelings of emptiness

> Inappropriate, intense anger or difficulty controlling anger (e.g., frequent displays of temper, constant anger, recurrent physical fights)

> Transient, stress-related paranoid thoughts or severe dissociative symptoms

To be diagnosed for borderline personality disorder, a person must be at least eighteen years or older, to be diagnosed.

BPD is more prevalent in females. It is assumed that borderline personality disorder affects approximately 2 percent of the general population.

Jody Arias's life points to a past living with her parents who were abusive towards her. They wanted to control her life; she wanted to do whatever she wanted. When her parents did not get what they wanted, they abused her physically and mentally.

VIII

Socially Skilled Child Molesters

"A psychopath invents reality to conform to his needs" *(Grondahl 2006)*. This writer's research on psychopathic personality disorders does not differ considerably on its approach regarding the history of physical or sexual childhood abuse; yet a greater proportion of secondary psychopaths endorse a history of physical and sexual abuse to minors. Cleckley (1988) clarifies that even if psychopaths were to be judged based on their conduct, attitude, or material elicited in the psychiatric examination, they would still show no sense of shame. This writer's older male sibling, for instance, showed neither emotion nor care for the case of abuse, as well as no signs of remorse; he was motionless, as if nothing ever happened. Cleckley (1988) explains that psychopaths are always full of exploits, any one of which could overcome even the more callous representatives of the ordinary man. He does not, despite his able protestations, show the slightest evidence of major embarrassment or disappointment (Neumann 2007). The psycho lacks feelings of humiliation and regret.

This writer's older male sibling lacks moral standards and humanity. His behavior was always one of superiority. He created his reality for his advantage, with no remorse for whatever consequences his actions would have later on. This writer can fully understand his cruel behavior, his psychopathy; part of his actions and behavior illustrate his opportunistic behavior. In his "sick, unrealistic mind," he is free to do what he wants to fulfill his needs. For him, there are no results worth considering; he is the one who got away—a classic psychopath. Dr. Hare (1999) indicates that psychopaths lack conscience and feelings for others; they are cold-blooded vampires who take what they want and do as they please, violating social norms and expectations without the slightest sense of guilt or regret.

Recent research shows the relationship between psychopathy and some form of adolescent sexual violence (Shohov 2002), noting that relationship between child molesting and psychopathy is much less clear. After comparing psychopaths and child molesters, Shohov's study singles out those sex offenders who are sexual psychopaths, criminals whose sexually deviant behaviors reflect diverse victim profiles and who are primarily motivated by thrill seeking and opportunity. Further research should contribute to a better understanding of such individuals and improve research procedure.

A factor that contributes significantly to crime in general and sexually deviant behavior in particular is that constellation of characteristics known as psychopathy (Shohov 2002). For sexual psychopaths, we argue that it is a physical element and the victim type that are, at any particular point in time, the object of violent thrill-seeking (Porter 2000). Porter hypothesized that psychopathic individuals are overrepresented in criminals who offend sexually against a variety of prey types. Sex offenders include child molesters and rapists (Shohov 2002). Child molesters are opportunistic, aggressive in those conditions and settings that are favorable for them to commit their crimes. Molesters seek out easy targets—mostly children— they know, and have established a relationship with previously. Again, this author's middle male sibling spotted an opportunity to satisfy his sexual urges and took it. Being left abandoned with no parental supervision made it easier for him to please his psychopathic predispositions.

For psychopaths, the primary means of subsistence— their primary weapon—is to lie unhampered by any physiological giveaway. The lie is the justification in their heads to have the right to cause harm. Lying is as natural as breathing for them. When caught in a lie, psychos try to escape by creating more lies.

Who are the "Groomers"? They are the ones who ingratiate themselves with adults for the express purpose of being given free access to children—innocent children—and ignorant adults (Van Dam 2006). Child molesters usually gravitate around those who are most likely to be too polite to fend them off, too shy and anxious to tell them to leave, too dependent to be assertive, and too impressed by rank, power, status, or money to do the right thing (Van Dam 2006). Child molesters deliberately associate with adults who cannot address these issues. They seek out adults who worry about hurting people's feelings. They charm adults who do not believe it could happen. In her 2006 book, The Socially Skilled Child Molesters, Dam observes children most at risk of being sexually abused by Groomers are those surrounded by adults who cannot stomach learning about child sexual abuse. Inadvertently, these adults may be more likely to welcome child molesters into their homes, organizations, or communities, ignore the evidence, overcome concerns, and talk themselves out of believing possible suspicions. Child molesters who are addicted to having sex with children are more likely to appear wherever children congregate. Sometimes all they need to do is get on chat and set an appointment with a child with no parental permission. The unattended child is more prone to abuse than children who are constantly under parents' shields. Child molesters/psychopaths take grooming one step further and groom people outside the home. Grooming the social environment remains even after an offender admits to an offense.

The offender—in the author's case the psycho—offered to take care of his little sister to abuse her. He used denial as a way to escape from the situation. It is characteristic of most sex offenders and child molesters to deny what they did.

In the sections that follow, this writer is going to provide an example of the sick middle brother and grooming. It is important to understand that psychopaths are extremely manipulative and that it is easy for them to groom their victims.

The psycho child molester abused this writer several times at a small age. It occurred when we moved from Cuba to Madrid, Spain. The psycho was never a brother who will give a damn about his little sister. He will never take me out for a walk or talk to me until the day he started grooming and abusing this victim. When I was a child, no one paid much attention to this author, except for some cousins in Madrid. My mother and father, not the typical conversational parents, did not pay much attention to me; the same goes for my older brother who was always doing his own thing. For the older brother to take me out would be a fiasco—he disliked taking care of me. The psycho knew he would succeed at grooming this writer. It would be an easy task for him to do. I was in the hands of evil.

At the age of twelve and thirteen, my physical development was going very quickly, and the psycho realized it. He never spoke to me until that day. Thus, I was surprised when he started talking about Superman. As a child, I used to love Superman—I had a poster of him in my room. One day he walked inside my room and said nice things about Superman, which he would buy one more poster of Superman just for me. The grooming process took a week or two, and then he started to take my clothes off. At the age of twelve, I had no idea what he wanted. He abused me at the age of twelve, thirteen, fourteen, fifteen, and seventeen. The child molester is almost six years older than this writer. When the abuse occurred, he was eighteen, nineteen, twenty, twenty-one, and twenty-two.

He knew what he was doing. When I was eleven years old, he would show me pornographic magazines and ask me to open my leg to pose as the girls in the magazines. He is not only a child molester, he is also a groomer, a psychopath, and a bastard (let's not forget he is indeed a bastard). Brothers do not do that to their little sister or anyone. Children are not born to be abused—not by their brother or anyone. The grooming stopped at the age of fourteen. Tiring of his grooming game during this time, he once tried to touch me in front of my mother and older brother. The older brother, having seen it, told him, "Little sisters are not to be touched." The mother, seeing him and realizing what was going on, did nothing; thinking that would stop the behavior; instead, it got worse. The mother never said anything to my father, since she knew he would have killed him. Her alternative was worse than taking action: she allowed the abuse to continue. He is a pig and the devil. I survived living among wild animals because I'm better than them.

Research suggests abused children are less skilled in decoding facial expressions. The solution for this abuse is treatment—but even with therapy, does the abuse ever stop? It never stops; treatment does not work. What works? To be able to identify their characteristics of psychopathic and child molesters, we have to go as far as possible and report the incident to authorities. Meaning we do not need to be scared of these individuals; rather, we must stay on the alert.

Declining Sexual Libido

The offender may experience a decline in his sexual libido, but this is only from being caught and is only temporary. This decline in sexual libido is called "the monastic effect" which are a myth; monks do not have significant sexual libido and, therefore, do not engage in sexual activity. This effect is short-lived; psychologists who do not deal directly with sexual issues may take the monastic result as a cure—a mistake that should not happen. Child molesters can use the monastic effect to cover their psychopathy and make others believe they are cured, when they are not. These people need therapy for their entire life and existence; child molesters do not get cured in one day.

IX

Psychological Consequences

This writer has reinforced powerful influence "toughness." Whereas sexually abused women typically suffer physically, psychologically, and emotionally, this writer refuses to be a victim. Aside from being an abused child at the age of twelve, this writer suffered from attention deficit disorders and post-traumatic stress disorders. Survivors of sexual abuse may also experience "dissociation," an impressive defense mechanism formed during ongoing sexual abuse, in which the person being abused "leaves" his or her body and watches the abuse from some higher viewpoint. Victims tend to be their own worst enemies since they can damage themselves by the things they do.

Survivor Connection with Others: The Aftereffect

Because the survivor is focusing on his or her own issues—for example, identity and intimacy—she often feels as if she were having a second adolescence. The survivor who has grown up in an abusive environment lacks the social skills that usually develop during this state in life. Self-consciousness turns normal adolescence into tumultuous and painful ones, magnified in adult survivors who exhibit feeling of shame. Adolescent style of coping may also be prominent at this time.

The Disrupted Relationship

In a climate of profoundly disrupted relationship, the child faces a formidable developmental task. In my case, I had to find a way to create myself again. I have to find a way to develop a sense of basic trust and safety for everything around me. I must develop my own sense of self in relation to others who are helpless, uncaring, or cruel to me. I had to develop my own body self-regulation in an environment in which my body was at the disposal of somebody else in the family, the psycho. As a small child, I did not know what was going on and what they were doing to me; I had to develop an environment of initiative where I bring a will of complete conformity with the abuse and the abuser. On the other hand, the abuser has to do the same; his job of hiding is formidable, one that only a psychopath could do. I find myself abandoned without mercy. I must find trust in myself, to preserve hope and meaning. I survived, like many captive individuals who are abused did, and dealt with the abuse, neglect, and terror. This writer did not know better; at the age of eleven, I was not prepared to run and get out. I had to stay home and keep believing that there was nothing wrong with my parents' neglect—there was nothing wrong with the sexual abuse. The psycho kept repeating, "This is our secret. We need to keep this within us." This was the only sign of "love" I had at that time from the ex-family—the only attention. The abuse created a fragment of growing up without love. I was in hands of the evil; my only escape was to take the pain, take the abuse, and endure the agony.

I survived, I am no longer the victim, and I cured myself without taking depressant, or drugs, and without the help of the ex-family or other family member who did not care.

I cure myself!!

I was able to survive by not giving up hope. I found people who listened and understood my story. I found compassion from friends and strangers, than my own flesh and blood. I exercised compassion toward others and learned how to live a life free from pain. I can say I am completely cure, thanks to my current family. Writing this book has been the main source to heal. The cure has to come within you, and is only you who can make that change, who can push that button. It is important to remember that abusers, psychos, all of them who are not in jail, are not worried about you or what they did to you. They can cure less. People can care less, unless they love you or want to hear your story. It is time for you to stand up and run, you have the power to control your decisions, your life. We are NOT victims anymore, we can move on with our lives without looking back. You can make that change, what they did to you is in the past, now is your time to shine, to move on and move forward. Leave that past behind. Whatever it takes, you can do it, and you can change your present and your future. Don't be afraid, write down everything that bothers you, talk to others, show your feeling, and express yourself. If you are able to talk or write about the abuse, your resolution is soon to be discovered.

Related to dissociation is sexual "numbness," which is the outcome of a child willing her body to numb itself against arousal during unwanted touch? Unfortunately, the defense mechanism may manifest during a desired sexual activity with a loved one later in life. When women have been molested as children, the aftereffects can be far-reaching. Current relationships may be adversely affected. The giving and receiving of emotional or physical intimacy is often compromised. A woman's fears may project her feeling to her children.

Another condition arising from severe abuse in childhood is depersonalization disorder. This can be physical, emotional, or sexual nature.

Findings in 2002 indicate that an emotional abuse is a strong predictor of depersonalization disorder in adult life, as well as reverse: that depersonalization is a symptom of other mental disorders. Analysis from a study of forty-nine patients diagnosed with depersonalization disorder indicated a high number having undergone emotional abuses and suffering under the maximum severity of these abuses (Scott 2008). The researchers concluded that emotional abuse has been relatively neglected by psychiatrists compared to other forms of childhood trauma (Scott 2008).

X

Checklists

Hervey Cleckley's List

1. *Considerable superficial charm and average or above average intelligence.*

2. *Absence of delusions and other signs of irrational thinking.*

3. *Absence of anxiety or other "neurotic" symptoms Considerable pulse, calmness, and verbal facility.*

4. *Unreliability, disregard for obligations, no sense of responsibility in matters of little and great import.*

5. *Untruthfulness and insincerity.*

6. *Antisocial behavior that is inadequately motivated and poorly planned, seeming to stem from an inexplicable impulsiveness.*

7. *Poor judgment and failure to learn from experience.*

8. *Pathological egocentricity. Total self-centeredness and an incapacity for real love and attachment.*

9. *General poverty in deep and lasting emotions.*

10. *Lack of any true insight; inability to see oneself as others do.*

11. *Ingratitude for any special considerations, kindness, and trust.*

12. *Fantastic and objectionable behavior, after drinking and sometimes even when not drinking. Vulgarity,*

> *rudeness, quick mood shifts, pranks for facile entertainment.*
>
> 13. *No history of genuine suicide attempts.*
>
> 14. *An impersonal, trivial, and poorly integrated sex life.*
>
> 15. *Failure to have a life plan and to live in any ordered way (unless it is for destructive purposes or a sham).*

Robert Hare's Checklist of Psychopathy Symptoms

1. **Glib and Superficial Charm -** the tendency to be smooth, engaging, charming, slick, and verbally facile. Psychopathic charm is all about being not in the least shy, self-conscious, or afraid to say anything. A psychopath never gets tongue-tied. He can also be a great listener, to simulate empathy while zeroing in on his targets' dreams and vulnerabilities, to be able to manipulate them better.

2. **Grandiose Self-Worth -** a grossly inflated view of one's abilities and self-worth, self-assured, opinionated, cocky, a braggart. Psychopaths are arrogant people who believe they are superior human beings.

3. **Need for Stimulation or Proneness to Boredom -** an excessive need for novel, thrilling, and exciting stimulation; taking chances and doing things that are risky. Psychopaths often have a low self-discipline in carrying tasks through to completion because they get bored easily. They fail to work at the same job for any length of time, for example, or to finish tasks that they consider dull or routine.

4. **Pathological Lying -** can be moderate or high; in moderate form, they will be shrewd, crafty, cunning, sly, and clever; in extreme form, they will be deceptive, deceitful, underhanded, unscrupulous, manipulative, and dishonest.

5. **Conning and Manipulativeness** - the use of deceit and deception to cheat, con, or defraud others for personal gain; distinguished from item four in the degree to which exploitation and callous ruthlessness are present, as reflected in a lack of concern for the feelings and suffering of one's victims.

6. **Lack of Remorse or Guilt** - a lack of feeling or concern for the losses, pain, and suffering of victims; a tendency to be unconcerned, dispassionate, coldhearted, and not empathic. This item is usually demonstrated by a disdain for one's victims.

7. **Shallow Affect** - emotional poverty or a limited range or depth of feelings; interpersonal coldness in spite of signs of open gregariousness and superficial warmth.

8. **Callousness and Lack of Empathy** - a lack of feelings toward people in general; cold, contemptuous, inconsiderate, and tactless.

9. **Parasitic Lifestyle** - intentional, manipulative, selfish, and exploitative financial dependence on others as reflected in a lack of motivation, low self-discipline, and failure to carry through one's responsibilities.

10. **Poor Behavioral Controls** - expressions of irritability, annoyance, impatience, threats, aggression and verbal abuse; inadequate control of anger and temper; acting hastily.

11. **Promiscuous Sexual Behavior** - a variety of brief, superficial relations, numerous affairs, and an indiscriminate selection of sexual partners; the maintenance of many, multiple relationships at the same time; a history of attempts to sexually coerce others into sexual activity (rape) or taking great pride at discussing sexual exploits and conquests.

12. **Early Behavior Problems** - a variety of problematic behaviors prior to age thirteen, including lying, theft, cheating, vandalism, bullying, sexual activity, fire-setting, glue-sniffing, alcohol use, and running away from home.

13. **Lack of Realistic, Long-Term Goals** - an inability or persistent failure to develop and execute long-term plans and goals; a nomadic existence, aimless, lacking direction in life.

14. **Impulsivity** - the occurrence of behaviors that are unpremeditated and lack reflection or planning; inability to resist temptation, frustrations, and momentary urges; a lack of deliberation without considering the consequences; foolhardy, rash, unpredictable, erratic, and reckless.

15. **Irresponsibility** - repeated failure to fulfill or honor obligations and commitments, such as not paying bills, defaulting on loans, performing sloppy work, being absent or late to work, failing to honor contractual agreements.

16. **Failure to Accept Responsibility for Own Actions** - failure to accept responsibility for one's actions reflected in low conscientiousness, absence of dutifulness, antagonistic manipulation, denial of responsibility, and an effort to manipulate others through this denial.

17. **Many Short-Term Relationships** - lack of commitment to a long-term relationship reflected in inconsistent, undependable, and unreliable commitments in life, including in marital and familial bonds.

18. **Juvenile Delinquency** - behavior problems between the ages of thirteen to eighteen; mostly behaviors that are criminal or clearly involve aspects of antagonism,

exploitation, aggression, manipulation, or a callous, ruthless tough-mindedness.

19. **Revocation of Condition Release -** revocation of probation or other conditional release due to technical violations, such as carelessness, low deliberation, or failing to appear.

20. **Criminal Versatility -** a diversity of types of criminal offenses, regardless if the person has been arrested or convicted for them; taking great pride at getting away with crimes or wrongdoings.

XI

Conflict Resolution

To help cope with the described events of her life, this writer is working on a conflict resolution. With it, I finally let go of the irritation, anger, resentment, upset, and disappointment that had built up from the past. There is not much we can do about our past, but we can adopt a more positive outcome for our children's future by caring for them. This perspective helped me research and gather all the relevant information in order to write this book. Writing the event followed with research, helped me see "The other side of reality," the reality of the abuser and psychopath. For practical reasons, most people take it for granted that people act the way they should. The experiences of dealing with a child molester and psychopath helped me understand there are people who act otherwise, people who thrive on deceitful acts. Predator and psychopaths can hides well behind their mask, and use manipulative methods to gaining the acceptance of others. It is important to explain and write your story. Even though, there are those who come across predators, but fail to see through them for what they really are. The very nature of psychopathy means they are always going to be hard to catch. Such offenders have usually mastered the art of hiding the truth about themselves from others. For added measure, they would have deliberately revealed parts of their lives aimed at misleading and decreasing any chance of suspicion. They would have learned how to read others' reactions and gauge when others might be suspicious. They are master deceivers. People who deal with them on a daily basis must learn the basic steps to recognize their deliberate deception.

As with alcoholics, there really is no known cure for sex offenders. This fact thus forces us to acknowledge that any relationship with them should be based on caution and vigilance.

Lykken (1995) contends that most antisocial behaviors in children are caused by poor parenting, absent fathers, and inadequate mothers who neglect their children. Perhaps the children perceive how easily their parents lose patience and get frustrated, or perhaps the parenting skills are just poor that either way, the children act out (Lykken 1995). Regarding these children as sociopathic, Lykken posits that we can decrease their numbers with better social skills at home. It is up to parents to do this, and where parenting fails, such children—which could be found in all cultures—may express them through violence (Lykken 1995).

Given this, Karpman (1948) believed that since the behavior of secondary psychopaths is acquired and based on underlying conflict, they retain the capacity to live moral lives and are thus receptive to treatment.

The cheating strategies—lying, swindling, cunning deception—identified here as commonly used by psychopaths in their everyday lives—that normally work well for them, particularly in gaining access to mates and resources necessary for survival, must be considered when dealing with such children (Hare 1993). Using appropriate, sensitive ways, parents must teach their children of the potential danger of adopting those strategies and how to avoid them. Parents must be aware of warning signs, such as an abrupt change in a child's behavior, which may signal a problem, and they must be alert to a child's unsettled feelings and identify their origin (Scott 2008).

This writer's personal journey researching and analyzing psychopathy has led to a cathartic and eye-opening revelation. Had this disorder been recognized or diagnosed before this writer's unfortunate experiences as an innocent child, it would have saved this writer from mental anguish and psychological fallout. Conflict resolution for this situation can only happen when family members such as the mother, brothers, and close relatives understand and recognize the pathology of personality disorder in the form of psychopathy. In order to prevent the recurrence of the incidences that occurred to this writer, an intervention of sorts must be conducted so as to expose the middle male abuser.

Should this conflict resolution occur and we have gained the ability to the see "the other side of reality," we would have saved ourselves from the attacks of a psychopath. We need to see them for what they are and not for what they try to represent. The present is important; the past is gone; working on past traumas makes us a better person for society today. Once we come to realize what have happened to us, we cannot harm ourselves anymore. It is time to recover and become the new us.

Resolution after the Trauma "The Butterfly Effect"

At some point in my life, I do believe I had low self-esteem, I had no pride for who I was, I didn't believe in me; today I have changed, I am a new persona, an individual with new possibilities and full potential. The hardest part to overcome, is to love yourself again, no matter what people say, no matter what! An abuse to a child is the worst harm they can do to a person, and you can feel dirty and insignificant for a long time, I will show you how to turn things around and become a new you.

"You" come first…

I can show you how to get there… To be the New Butterfly…

Once the trauma diminishes into the past, it no longer represents a barrier to intimacy. At this point, this writer is no longer a victim but has become a new survivor.

Relationships in the future are ready to be established with energy and new ideas. If the victim has been involved in a relationship during the recovery process, it becomes easier to go through the process with a partner. Such a partner helped me with the trauma.

Any resolution of trauma is never final, and recovery is never complete. The impact of the traumatic event will continue through the survivor's lifecycle. It is up to the survivor to find help to recover, but it is of utmost importance to find peace and understanding on what have happened. Conflicts that were sufficiently resolved at one stage of recovery will prevent their reoccurrence and they will eventually disappear.

Ultimately, the writer hopes that this book would help victims find resolution. It's a truth that many of us have traumatic memories, but there is a point in our lives that we could say, "Today I will stop the suffering; today I will not grieve anymore. Today is my time to be happy."

Forgive yourself and create a new life for yourself—today. We cannot allow memories to haunt us, or allow them to make us feel miserable. We are the rulers of our lives. We have the power to change who we are. Today is the day to feel good about yourself, to be you and accept others for what they are and how they are. We need to repeat to ourselves that we are good, we are no longer the victims; we are the survivors, and we are here on this earth to endure our traumas, learn from them, and move on. I understand it is not easy to move on sometimes, but it must be done in order to survive and have a better life than the life of the abuser. Even though the resolution is never complete, it is often sufficient for me as a survivor to turn my attention to the task of ordinary life.

As suggested by the book *Trauma and Recovery* by Judith Herman, the following objectives should be aimed for. They are all interconnected. There is no order on how we manage these stages as the survivor goes through some of them. One can come before the other—there is no order on how to manage our emotions and victimization. The most important part of the process is to be thankful for your current life and for the changes you have completed. As part of the recovery system, be graceful for what you have now.

1) Psychological symptoms of post-traumatic stress disorder have become manageable or nonexistent.

2) Able to control feelings associated with the traumatic stress or abuse, etc.

3) The person has assumed the authority to manage her/his memories, and decide when to bring them out and when to hide them on the side.

4) Narrative memories linked with emotions.

5) Self-esteem has been restored. As one of those hardest to restore, this must be worked on a daily basis.

Self-esteem Author's Note and information from Krillco.hubpages:

Sometimes the child neglects opinions from the 'outside' that have to do with his/her current abuse. In the mind of a child, the outside person has no idea of what is happening at home and the child's current situation. For example, if the abuser is a caregiver, close to the child, the outside contact has not much importance to the abused child. This is not only due to low self-esteem, but because the dependability the child has to the caregiver who lives or takes care of him/her. The child in return utilizes the abuse as a form of looking good in front of the abusive caregiver as to not disappointing the abuser. Transforming dependability for any child is difficult, but all the more so for the abused child, who trusts the caregiver.

It hard to defeat low self-esteem and the negative self-verifications: for example 'building up' and recognize the positives in the child may essentially backfire. Sometimes the child simply cannot tolerate any view of themselves that does not match their own, and will discount the helper's view. They may even reject the helper because the helper, by pressing the positives, is pressing on the child's loyalty button concerning the caregiver. This is an effect that anyone who has worked with abused children is well aware of and frustrated by.

The negative self-esteem and negative self-verifications that abused children engage in are essential features blocking the child's healing and age normative growth and development. Left unattended to, they do not fade but become ensconced in the child's self-view on into adolescence and adulthood. This in turn gives fuel for the cycle to repeat with their children. New methodologies, based in more complete research and knowledge on the mechanics of self-esteem are begging to be developed.

6) Important relationships have been established or reestablished.

7) The person has reconstructed a coherent system of meaning and belief that encompasses the story of the trauma.

8) My theory: the person has changed his or her state of mind, changed the way of thinking; changed who he or she is by being positive and being unafraid to be himself or herself.

Bibliography

Amen, D. G. (2002). *Healing the Hardware of the Soul.* New York: Free Press.

Cleckley, H. (1988). *The Mask of Sanity.* Augusta, Georgia: Hervey Milton.

Hare, R. (1999). *Without Conscience: The disturbing world of the psychopaths amoung us.* New York: Guilford Press.

Hare, R. (2003). *Technical Manual For The Revised Psychopathy Checklist 2nd ed..* New York: Multi Health Systems.

Hubpages, K (n.d.). Retrieved from http://krillco.hubpages.com/hub/Self-Esteem-Damages-in-Abused-Children

Karpman, B. (1941). On the need of separating psychopathy into two distinct clinical subtypes:The symptomatic and the idiopathic. *Journal of Criminal Psychopathology,* 3, 112-137.

Lykken, D. T. (1995). *The Antisocial Personalities.* Hillsdale, NJ: Lawrence Erlbaum Associates.

Mnookin, R. (2010). *Bargaining with the Devil.* New York: Simon & Schuster Paperbacks.

Neumann, C. (2007). The super ordinate nature of the psychopathy checklist revised. *Journal of Personality Disorders,* 21(2), 102-117.

Patrick, C. J. (2005). *Handbook of Psychopathy.* New York: Guilford Press.

Samenow, S. (1984). *Inside the Criminal Mind.* Times Books.

Schouten, R., & Silver, J. (2012). *Almost A Psychopath.* Minnesota: Hazelden.

Scott, R. G. (2008, April 5). *To Heal the Tragic Consequences of Abuse.* Retrieved July 14, 2012, from The Church of Jesus Christ of Latter Day Saints: http://www.lds.org/general-conference/2008/04/to-heal-the-shattering-consequences-of-abuse?lang=eng

Van Dam, C. (2006). *The Socially Skilled Child Molesters.* New York: The Haworth Press, Inc.

La Inhabilidad de Ver el Otro Lado de la Realidad

Fui condenada por decir ¡La VERDAD!

Tabla de Contenidos

I.   Notas del Escritor...65
II.   Mi Opinión 69
        PCL-R 71
        La MADRE 72
        Las Victimas 75
III.   ¿Qué es la Psicopatía? 79
IV.   Características de la Psicopatía – Teorías 81
        Dr. Karpman 82
        Dr. Hare 83
V.   Tres Signos Importantes de Repaso.................................85
        Comunicación Oral 85
        La Mentira 86
        Manipuladores 87
VI.   La Infancia Factores de Riesgo....................................89
VII.   Abusadores Sexuales de Menores /
        Habilidades Sociales..91
        Una Observación 93
VIII.   Estos son algunos de los pasos:
        La Nueva Mariposa 95
IX.   Resolución de Conflictos 97
        La Relación...99
X.   Resolución después del trauma 101

Un día de viaje, después de escribir este libro y revisarlo todo el día me sentí muy enferma, recé y recé para que Dios me explicara que me pasaba, porque estaba tan enferma, porque me sentía tan asqueada, con nauseas; mi estómago no podía más. Leer el libro todo el día me hizo sentir mal. Rece y rece y en medio de mil rezos Dios me escucho. Leí la biblia antes de acostarme y tuve un sueño, y en el sueño Dios me explica lo que me estaba pasando, y por medio del sueño Dios me lee su réplica que dice así:

Juan 8:41

Si Dios fuera su Padre – les contesto Jesús- ustedes me amarían, he venido de Dios y aquí me tienen. No he venido por mi propia cuenta, sino que él me envió. ¿Por qué no entienden mi modo de hablar? Porque no pueden aceptar mi palabra. Ustedes son de su padre, el diablo, cuyos deseos quieren cumplir. Desde el principio este ha sido un asesino, y no se mantiene en la verdad, porque no hay verdad en él. Cuando miente, expresa su propia naturaleza, porque es un mentiroso. ¡Es el padre de la mentira! Y sin embargo a mí, que les digo la verdad, no me creen. ¿Quién de ustedes me puede probar que soy culpable de pecado? Si digo la verdad, ¿Por qué no me creen? El que es de Dios escucha lo que Dios dice. Pero ustedes no escuchan, porque no son de Dios.

Introducción

Suceso de trauma

¡Podemos curarnos nosotros mismos! ¡Podemos ayudar a los demás! Aunque nadie te escuche, aprenderemos a crear nuestra propia "supervivencia". Esta historia comienza cuando el escritor tenía once años. Una niña inocente, criada en el desierto por Lobos. Me tomó un par de lecciones en la vida para entender que fui criada por animales, en medio de la nada en constante ataque en mi casa y afuera de ella.

*El abusador, la madre y la familia no tuvieron empatía o compasión con este escritor, al contrario "los malos, los psicópatus" en la familia, son percibidos "normales", al igual que el trauma es algo normal. Para poder seguir tu camino debes de dejar todo lo que te causa tristeza y desanimo. **¿Por qué algunas personas son malas? Porque muchos en la familia sufren falta de "simpatía o compasión" y les gusta "tapar" todo lo malo dentro de sus familias, están ciegos y otros no pueden ver la otra cara de la realidad. Yo no soy víctima,** mis experiencias favorecerán a las personas que han pasado por el mismo trauma, el trauma de ser abusado, toqueteado sexualmente por un familiar. Es importante señalar que cuando menciono la palabra "familia" en este libro se refiere a mis dos ex-hermanos, madre, mi padre y la experiencia viviendo con ellos cuando niña. Este libro es básico para familias y niños maltratados que han podido sobrevivir el terror de un trauma.*

A muchos no les importa lo que paso, al contrario, están renuentes a creer la verdad, porque no les concierne, o por que viven una vida sin poder ver la realidad, y sufren "La incapacidad de ver el otro lado de la realidad".

DIOS ME AYUDO A MI FAMILIA AVANZAR CON SALUD Y AMOR AMEN...

Abuso Sexual tiene un efecto duradero.

No más trauma, tú también te puedes curar, y to te voy ayudar. Lo peor es quedarte callado y no hablar, ya que estarás arrastrando el abuso. Una vez que hablas o lo escribes ya has podido superar más que si te quedas callado.

El libro es una autobiografía
e investigación de un sobreviviente.

El gran psicólogo Freud utiliza un concepto para explicar patrones recurrentes y contraproducentes en conductas auto-destructivas, llamadas "compulsiones repetitivas". Freud y Einstein en el libro "Instinto y Supervivencia", explican que no hay bestia oscura que no podamos dominar nosotros mismos. Las respuestas a nuestros problemas se pueden solucionar entendiéndonos y entendiendo a los demás. Trabajando juntos podremos sobrevivir. Los misterios de los seres humanos y sus comportamientos se manifiestan en la forma en que nosotros, como individuos contrarrestamos nuestros temores y aspiraciones. Todos tenemos tendencia a competir, la necesidad de cuidar, el deseo de conectar y ser libre. La respuesta está en cómo contrarrestamos nuestros temores y las aspiraciones entre competencia y cuidados. Einstein y Freud menciona, "cuánta más paz tengamos en nosotros mismos, más paz podemos brindar a los demás".

Este escritor ex hermano del medio, nombrado en este libro como "el psicópata" utiliza a la familia para ocultar su máscara y su psicopatía. Y eso es aterrador, porque él es un psicópata y un abusador sexual de menores que puede atacar en cualquier momento a otra niña o niño, o ser humano. A él nunca lo atraparon, está libre y eso me preocupa. También, es un manipulador. El psicópata NO siente "emoción" haciendo el mal (acciones diabólicas) sin consecuencias. Es oficial que en el pasado abusó sexualmente de su hermana menor de once años de edad, y luego trato de pegarle a su primera mujer, pero el hermano mayor lo detuvo. En ese momento el hermano mayor le agarro la mano, sujetándolo para que no la golpeara o la matara, diciéndole: "A las mujeres no se les pega". Al pareces no lo escucho, porque años después el psicópata logro golpear a su segunda mujer, dejándola herida en el piso, en ese momento nadie lo detuvo, al contrario la madre estuvo presente en el acontecimiento instigando para que sucediera. Según mi madre "el psicópata hermano mediano", es buenísimo, siempre tapándolo, siendo su conspiradora, porque ella sabe muy bien quien es, un abusador de mujeres y molestador de niños. Si el psicópata abuso a alguien más, no tengo datos sobre esta información, por ese motivo es importante escribir este libro para crear conciencia. Él está suelto y no se sabe cuándo atacara otra vez o le hará daño a otra persona.

El psicópata abuso física y sexualmente de su hermana pequeña entre las edades de 11, 12, 13, 14, 15, 16 y 17 años de edad, el abusador es seis años mayor que su víctima.

Puede ser que siga haciendo sus maldades con otras personas, en este momento es difícil predecir, ya que este escritor no mantiene contacto con el agresor y puede ser que nunca sea descubierto. Al igual que un perro él psicópata sabe cómo cubrir sus huellas, lo que lo hace más diabólico. ¿Por qué hizo esto a su hermana pequeña? ¿Que lo excito a hacer estos actos de maldad? Él es el típico molestador de niños/psicópata que obtiene placer en hacer actos perversos, logrando salir exitoso y sin consecuencias, lo importante para estas personas es estar satisfecho, muchos de ellos son comunes, y se satisfacen comiendo, durmiendo, y abusando de los demás.

La aceptación de los demás crea una inmensa "emoción" en los psicópatas. El no ser capturados y pasar como un buen chico o una increíble persona los hace más potentes en sus mentes infantiles. Para ellos esta emoción que sienten es comparable a un clímax sexual. Para ellos es lo máximo poder tener doble personalidad sin ser castigado o prisión. Los psicópatas gozan del "poder" de pasarse como buenos, es una gran satisfacción para ellos hacernos creer que son un ejemplo para la sociedad, al final ellos piensan, "no hemos hecho nada malo". Un ejemplo, el caso de Ariel Castro indicando en corte, "yo no soy un diablo, yo no soy malo". Los psicópatas no toman responsabilidad por sus acciones, y se excitan al no ser atrapados por la justicia o por otras personas. Una película recomendable para los lectores es "Lovely Bones" nos afirma los rasgos de los psicópatas.

La Incapacidad de ver el otro lado de la realidad.
No confíes en "nadie" cuando se trata de tus hijos.

Una Nota Pequeña

Esta historia es verdadera, llena de información y fundada para ayudar a familias con niños pequeños. Este libro fue traducido por medio de la compañía y fundado con ejemplos de investigación. También ofrece conocimiento sobre la psicopatía, signos importantes a seguir, quienes **son estos abusadores de niños, las consecuencias psicológicas, las habilidades sociales de los que abusadores sexuales de niños y la resolución de conflictos sobre cómo tratar a los psicópatas.**

Para conectar con los lectores este escritor utiliza su experiencia personal e ilustrar diferentes aspectos relacionados con la psicopatía y los abusadores sexuales de niños. El psicópata que es abusador de niños esta suelto; él es un peligro para la sociedad. La madre del psicópata le cree y lo protege, que es peor para las personas que se relacionan con el depredador. Debido a las regulaciones, y las limitaciones de edad, (y ubicación en la que se produjo el abuso), no fue posible hacer una acusación formal contra el psicópata. Mi responsabilidad es proporcionar el testimonio, para ayudar a otras personas que pudieran estar en contacto con el agresor. El psicópata es también un corruptor y abusador sexual de menores, está estimado que el 50 por ciento de los delitos sexuales a los niños no son reportados a las autoridades.

Crear Consciencia

El objetivo principal es crear conciencia sobre la psicopatía en hombres y mujeres. Esta guía informativa hará más fácil para los hombres y las mujeres, especialmente las familias identificar el significado de lo que es la psicopatía y quienes son los abusadores de niños. Este libro es una combinación de investigación y la vida personal del autor y su experiencia viviendo con un psicópata e abusador de menores.

También se especifican las características de los psicópatas, proporcionando ejemplos para diferenciar su mundo. ¿Cuáles son las amenazas de los que nos rodean? ¿Cómo prevenir el ataque de la serpiente silenciosa? Ellos saben quién son, ¿y nosotros? El objetivo principal es mostrar a los lectores cómo distinguir las diferentes características dentro de la psicopatía y descubrir el verdadero rostro que se esconden detrás de su sonrisa. La experiencia de este autor viviendo con un psicópata hace **constancia** en quien confiar y en quién no. Este libro está basado en pruebas reales, es una excelente fuente de información, anécdotas (trastorno de la personalidad) y manipulación sexual. Como sobreviviente expondré ejemplos y detalles sobre la personalidad de un psicópata. El psicópata (hermano mediano) se menciona en este libro varias veces, y su presencia es una "muestra" de lo que se debe investigar en psicópatas y abusadores de niños. "El pasado de este escritor es el un nuevo futuro para las familias." Por desgracia, **cuando dejamos a nuestros niños desatendidos o con alguien considerado "familiar", de confianza, muchas cosas ocurren.** "No podemos cegarnos a través de los ojos de los depredadores". Insisto no te fíes de nadie cuando se trata de sus hijos.

Parte de la resolución es evitar que esto vuelva a ocurrir a otro niño. Este escritor ha ayudado a muchas personas, especialmente asesorando a mujeres. Como proteger a nuestros hijos, es nuestro objetivo principal. Prevención es educarnos nosotros mismos, que *significa protección. Debemos educarnos para crear un futuro más brillante.* **Los valores del escritor son los siguientes: la humildad, la familia, la veracidad, la integridad, la unidad, el amor, el cuidado, la compasión y hacer lo correcto.** *En la mente de un psicópata, ni siquiera la mitad de estos valores son vigentes. La ignorancia es la peor pesadilla cuando tratamos con un verdadero psicópata/predador sexual de menores.*

I

Notas del Escritor

Mi historia comienza en mi país natal Habana, Cuba. Yo era la más pequeña en una familia de cinco miembros, mamá, papá y dos hermanos mayores. Me di cuenta a muy temprana edad que el hermano psicópata me molestaba mucho y me alteraba. Yo era la más pequeña, después de mí el ex hermano del medio (psicópata) y por último, el hermano mayor que nunca me ha tocado, pero que tampoco me protegió, y es el ser más vacío de amor que he conocido y si se cae al piso come yerba, en resume un perfecto "animal". Muchas veces los dos hermanos han querido golpearme y me han amenazado por teléfono, todas esas conversaciones han sido grabadas. El hermano mayor en una postal de navidad me escribió que yo era una "HP" la postal también la tengo como evidencia.

Cuando niña el psicópata siempre me aguantaba mis piernas mientras caminaba para molestarme y hacerme rabiar, o simplemente controlarme. Recuerdo que me molestaba mucho de chiquita y yo lloraba mucho. Mi madre corría a socorrerme y me estrechaba en sus brazos, diciéndole a él que parara de molestarme. Siendo el hermano mediano, mis padres no le ponían mucha atención, me daban más atención a mí por ser la niña chiquita; esto empeorará las cosas en la relación de hermana/hermano dado que él quería venganza contra mí. Él siempre quería la atención que yo tenía de toda la familia. Ser hijo del medio algunas veces significa ser olvidado por la familia. Mi madre y mi padre son realmente buenos para descuidar a sus hijos y tratarlos mal.

Como niña pequeña, todos me daban abrazos, besos, yo era una preciosidad. Yo era la más pequeña en una familia de treinta o más personas en mi pequeña ciudad. Amo a mi país, y la historia no tiene nada que ver de dónde vengo. Viví en mi país natal hasta que tenía ocho años. Mi familia por parte de madre se ocupaba de mí

65

cuando mi madre tenía que trabajar y me hacían sentir protegida. Me sentía amada por mis primos y siempre estaba rodeada de miembros de familia que me cuidaban. Sé que existen muchos secretos dentro de la familia que nunca serán contados, y muchos no necesitan ser contados.

El psicópata constantemente se metía en problemas por mí; él quería la atención. Él estaba celoso de mí, él quería ser yo. A veces la forma de obtener la atención de la gente era con su mal comportamiento, maltratándome, o simplemente creando un accidente para hacerme llorar. Lo que he notado por muchos años es que el continuamente me ha molestado de alguna manera u otra. Yo me alejaba de él, ya sea llorando, gritando, o corriendo. Él siempre ha querido estar implicado en lo que me está pasando. Ahora utiliza a Facebook para seguir acosándome y haciéndose amigo de mis amigos. Él es un receloso, malcriado, sucio, e inmaduro que nunca creció, como otros psicópatas ellos sufren un desorden de personalidad. Los psicópatas saben muy bien lo que están haciendo, son mañosos al ocultar y esto forma parte de su psicopatía. Es importante entender que los psicópatas siempre quieren ganar, no importando a quien le hacen daño o como lo hacen. Lo importante para ellos es satisfacer su ego interno, y obtener lo que quieren para ser feliz en su irrealidad. Que insólito.

La obsesión, la psicopatía y su enfermedad abusador sexual de menores fue lo llevo a abusar a su hermana pequeña cuando tuvo la oportunidad, porque ellos saben planear muy bien para no ser atrapados. Sucios. A los once años, doce años, trece años o más los niños no están preparados psicológicamente para ser abusados por un "hermano", o nadie en general. Los niños a esa edad son inofensivos, no tienen maldad, son ingenuos y al ser abusados todo esto desaparece. Por eso el psicópata mediano, no tiene perdón de Dios por haber tocado sexualmente a un menor de edad que era su hermana. A pesar de que tenía once años, aún puedo recordar su enfermedad y su obsesión hacia mí. Eso nunca me gusto, porque eso no era amor, era otra cosa. Mientras yo jugaba a las muñecas, el psicópata en su mente planeaba como atacarme o como tocarme. Lamentablemente mucha gente no sabe quién es en realidad, y se dejan llevar por la máscara que esconde su verdadero rostro, en realidad él es el ser más asqueroso, repulsivo, y feo que ojos puedan ver. Ya no sé qué más puedo hacer para abrirle los ojos a los que están rodeado del energúmeno, psicópata, solo la experiencia de lidiar con un ser tan malvado los llevara a entender. También las personas que se relacionan con el marrano no están muy lejos de ser como él o semejantes, porque hay que ser ignorante o estúpido para no darse cuenta que el psicópata es un animal. Gracias a Dios no tengo que lidiar con el opresor, ni con los que hablan con él. Él sabe tapar su máscara muy bien, pero no es inteligente como para mantenerla toda una vida.

~No sabía lo que era la vida~

Mis padres me criaron sin ningún conocimiento de lo que es la vida y el ser humano, de cómo protegerme, de cómo cuidarte, que nadie te toque tus partes, etc…Mi madre jamás me hablo sobre como protegerme, me crio como una tontica para tener más control sobre mí. Ahora en mi vida actual yo me aseguro que mis seres queridos sepan más de la vida para que nadie les haga un cuento. A los niños hay que hablarles, para que no los abusen como me utilizaron a mí, y es verdad me usaron como un **puyaso**. Es importante abrirle los ojos a tus hijos, explicándoles como son las personas, en quien creer y en quién no. Muchos de los psicópatas son fáciles de detectar, por ejemplo los que crean en sus mentes fantasías irreales y piensan que los demás no se darán cuenta que son diferentes.

II

Mi Opinión

Es importante leer este libro, mirarse todos los días en el espejo y repetir que vales mucho como persona, que eres el ser más fuerte del mundo, que nadie te puede hacerte sentir mal, el pasado fue solo eso el pasado, ahora es tu tiempo de crecer, de vivir, tienes que estudiar, tienes que leer, tienes que progresar, no es tiempo de mirar atrás, es tiempo para nosotros. Es importante entender que el pasado ya se fue, es una experiencia más que nos ayuda a seguir adelante, y punto. Si nos ponemos a indagar en el pasado y nos hace sentir mal, es importante cambiar la reflexión. Libérate de todo lo que te haga sentir mal, y menos preciado, siempre rodearte de gente positiva, viaja, y toma tu tiempo para descansar. Todo tiene solución, es importante que mires al mundo con otros ojos, otros pensamientos, y seas libre de todo. Piensa en ti primero y así podrás hacer feliz a los demás; haz todo lo que te haga sentir bien y alegre.

Doy gracias a Dios por haberme ayudado a prosperar y me hace cada día más fuerte para ayudar a los demás. La vida social de los niños víctimas de abusos es profundamente afectada; para mí fue muy difícil llegar a tener amistades. También muchos sufrimos y tenemos la necesidad de mantener apariencias y preservar el secreto. Los niños que han sido objeto de abusos son aislados de otros miembros de la familia, así como de la vida social.

El mundo puede ser "peligroso" si NO estamos informados, debemos estar preparados para proteger a nuestros niños. En un momento en mi vida sentí que estaba abandonada por mis padres y este abandono fue lo que llevo al psicópata a atacarme sin piedad. La madre no me protegió, al contrario lo protege a él y le hace **campaña diaria** para que los demás lo acepten. Algunos lectores hallaran difícil creer que mi propia madre traicionara a uno de sus hijos, pero hay que entender que los dos el abusador y la madre son *narcisistas, psicópatas, y que cojean del mismo pie. Los dos están categorizados dentro del nivel (alto o bajo) de la psicopatía, ellos piensa y actúan igual, por eso la madre no reacciona, y lo comprende a él, los dos son iguales. Este escritor escucho una conversación que la madre tuvo por teléfono con el psicópata diciéndole, "yo simplemente la ignoro, ella no es tan importante y puede esperar". En otra conversación ella le cuenta a sus amigos y los miembros de la familia "no le crean nada de lo dice, ella es simplemente una loca," "mis dos hijos son tan buenos, son un pedazo de pan". Si son "Pan podrido los dos." La madre cruzo la línea, en inglés "she cross the line," entre madre e hijo.*

Este libro es una enseñanza para muchos, y un consejo no dejar que tus padres: te maltraten, te abusen, ni te traten como un trapo sin cariño y sin amor. También hay que reconocer que la familia de este escritor siempre estuvo dominada por el padre y dos hermanos, las mujeres y los niños eran vistos como sumisos. "La imposibilidad de ver el otro lado de la realidad", es basada en una investigación para crear conciencia sobre lo que podría suceder a los "niños que no son protegidos."

La idea es crear alerta para que esto no suceda a otras familias. Un 85% de abusadores forman parte de la familia, amistades, o conocidos. La relación con el abusador terminó hace más de diez años atrás, y no hay ni siquiera una pequeña posibilidad de tener relación con el perturbador sexual; ni siquiera en el momento de la muerte o en un mundo diferente. Yo personalmente desprecio a las personas que son adictos, abusadores, mentirosos, y maltratan a niños. Parte de la solución al escribir este libro para alerta a los padres y ayudar a las víctimas. También, es importante que los padres sean conscientes de sus niños, sobre todo si tienen otros hermanos. Una vez que los lectores lean este libro, entenderán más sobre la psicopatía. También las personas que ya pasaron por el trauma entenderán que no están solas, y no deben de tener miedo a la realidad y expresar lo que sienten les ayudara mucho.

Este libro es parte de mi autobiografía e investigación. *No estoy acusando a nadie, simplemente estoy narrando los acontecimientos y la experiencia de vivir con un psicópata. Todos los nombres utilizados en la creación del libro son ficticios para proteger la escritora y su verdadera familia. Es importante entender* que las víctimas viven en terror cuando un miembro de la familia o alguien en particular abusan de ellas cuando niños. Es muy difícil hacer frente a la situación, por eso es que muchas de las víctimas viven negándolo todo, las mujeres que han sido abusadas tienden a hacerse daño a ellas mismas, por ejemplo, entre ellas suelen abusar de las drogas, la prostitución, la depresión y otras formas de escape. Algunas víctimas desafortunadamente se suicidan, que es terrible y es parte del mecanismo de supervivencia. Este libro ayudara a muchas mujeres y hombres que han sido víctimas de abuso, no están solas o solos. Aunque nos hayan quitado la inocencia y destrozado la niñez, lo importante es pensar en el hoy. Hemos podido sobrevivir, podemos seguir adelante dándole duro y apoyándonos unos a los otros. Muchos abusados también sufren de baja auto estima, la depresión es muy común sobre todo los jóvenes. Esto es lo que más me molesta, que muchos jóvenes estarán atravesando muchos conflictos por no saber o por miedo a comunicar el abuso. No le podemos dar el gusto a los que nos abusaron, tenemos que seguir adelante por nosotros mismos, no por lo que nos hicieron. Ya sabemos que ellos (los psicópatas) son seres abominables, ignorantes, y están muy por debajo de nuestro nivel, nosotros somos mejores que ellos, por eso pudimos sobrevivir.

PCL-R

Basado en resultados psicológicos, se puede verificar que el hermano mediano psicópata tiene una alta probabilidad de ser un psicópata basado en el PCL-R Psicopatía Checklist-Revised. Sus poderes son mágicos para controlar, dominar, manipular, en especial a la familia y los amigos, mostrando falta de emoción, remordimiento, verbosidad, encanto superficial, mentiras, comportamiento sexual promiscuo y muchos otros factores establecen que "el ex hermano mediano es un verdadero psicópata." El Doctor Hare nos explica que el examen de PCL-R Psicopatía fue creado para ser utilizado para profesionales de la salud mental capacitada. La psicopatía es probablemente el factor primordial que hizo hacer al psicópata maltratar y abusar sexualmente de su hermana pequeña, y también el utilizo su psicopatía como comodidad para satisfacer sus deseos sexuales. Algo difícil de *entender para los lectores es que el psicópata tenía novia y aun así molestaba sexualmente a su hermana. Porque son así, ellos hacen de la vida un juego, tratando de sacar provecho de lo que sea, solo con el simple hecho de que ellos sean "irrealmente felices". Porque es imposible ser feliz y molestar sexualmente a un niño, es imposible ser buena persona o cambiar de la noche a la mañana cuando abusas de tu hermana menor de edad, luego abusas de tus ex-mujeres y les pegas. Eso no es ser bueno, eso es ser psicopatía, su enfermedad, su trastorno psicopatía, abusador sexual de menores lo hicieron abusar a su hermana pequeña y ser infiel con todas sus ex-mujeres y pegarles. Es el ser más desgraciado y asqueroso que he conocido en mi vida, la madre también al taparlo no se queda atrás, al igual que todos lo que tienen que lidiar con el energúmeno ex – hermano mediano psicópata. ¿Por qué abusar de una niña inocente e inofensiva? Porque aparte de ser un psicópata depravado, él es un bastardo.*

La MADRE

El psicópata actúa muy similar a otros psicópatas. Cuando abusar de su hermana pequeña en privado no era excitante, su impulso lo llevo a tocar a su hermana delante de nuestra madre. La madre inmediatamente se dio cuenta y no hizo nada al respecto. Mi madre es ignorante y permitió que el psicópata me cuidara cuando niña, es triste pero los dos la madre y el hermano mediano (el psicópata) sufren de un gran desorden de personalidad.

*A los psicópatas les gusta el riesgo, y les excita hacer cosas diabólicas sin ser agarrados. Muchos se estimulan pasándose como buenos padres de familia entre los demás, especialmente cuando los demás no tienen o sufren de **"La incapacidad de ver el otro lado de la realidad".***

El rol o función de la madre en la dinámica del abuso sexual, ha tenido diferentes vertientes u opiniones provenientes de los diversos autores que han investigado sobre el tema. En este caso la madre padece del mismo síntoma un desorden de personalidad, lo que hace más difícil la situación, y la hace parte del incesto. Es así como algunos señalan que para que se produzca el incesto debe necesariamente existir una madre cómplice (psicópata), es decir, alguien que no escucha ni ve, o mejor dicho que no desea escuchar ni ver, mostrando con esto una directa complicidad. La madre es cómplice de las circunstancias, porque la responsabilidad de los padres es proteger a sus hijos. Pero en este caso la madre sufre del mismo síndrome y protege al agresor. La madre fue abandonada cuando niña, ya que su madre y padre fallecieron a muy temprana edad, y esto forma parte de un abandono. Por ese motivo, existen conflictos de tres generaciones, en donde las madres incestuosas, tuvieron, a su vez, madres que las abandonaron (ya sea física, psicológicamente, o ambas). Donde el conflicto principal en la maternidad sería que la identidad de género no ha sido aceptada, es decir, la feminidad, y con ello tampoco la maternidad. (Welldon, 1933)

Podemos entonces entender desde esta postura, que la maternidad puede ser muy complicada para algunas mujeres, generando diferentes conflictos internos, que tendrían que ver con conflictos con sus propias madres, resultando en madres muy "deprimidas o ausentes", que de privan de los cuidados correspondientes de sus hijos, entre ellos la protección para que no se dé una situación de abuso, o si se da, poder percibirla y frenar dicha situación.

Tres puntos de abuso:

1) El abandono materno de la madre se nota claramente

2) Las dificultades con el padre

3) La entrega de la hija al hermano que la cuida y abusa de ella al mismo tiempo.

La madre me entregó al "diablo", mientras ella trabajaba. Cuando abusar de su hermana ya no era excitante, el psicópata trata otras técnicas que le dan más emoción. Por ejemplo, empezó a destrozar las escuelas y arrojar huevos a las ventanas y en las aulas. Y también le gustaba destrozar la ciudad por la noche con sus amigos, así como golpear, destruir propiedades ajenas, por ejemplo, las casas de vecinos. Los psicópatas planean todo con mucho cuidado, para no ser detenido por las autoridades. Otra prueba más de cómo tapar sus huellas y su psicopatía. Ser psicópata no quiere decir que son asesinos, hay muchos niveles dentro de la psicopatía.

Mis padres nunca se enteraron ni lo castigaron por sus actos de maldad; al contrario mi madre lo defendió desde la cuna y por su culpa el seguirá haciendo sus maldades. En este momento él se cree que es el mejor padre del mundo, después de abandonar, pegar y abusar de su ex mujer. Esta nueva "fantasía" de ser aceptado como papa y por los demás crea emoción en su psicopatía y lo ayuda a seguir siendo malo, pero con aceptación. Esta forma no le durara mucho tiempo, solo hasta que se vuelva a aburrir y siga haciendo depravaciones sin consecuencias. Porque la persona mala no cambian, al contrario son el fruto de su convivencia los que los hace ser malos en la sociedad. Este escritor no tiene nada que ver con el opresor, el psicópata, y no tiene ninguna intención de verlo jamás, al contrario me aparto para proteger a los mis seres queridos, de los dos la madre psicópata y el hijo psicópata. Tampoco es preciso tener contacto directo con los que si aceptan su psicopatía.

Yo fui condenada y mutilada por la familia por hablar la verdad, porque ninguno quiere creer, hasta que no le pase a uno de ellos. *Algunos queremos vivir en un mundo imaginario lleno de mentiras, sin ver la realidad que está delante de nosotros. Nunca nadie lo atrapó haciendo sus actos de maldad, y el siempre prevalecerá por hacer el mal. Aunque un día el psicópata trato de abusar de mi enfrente de mi hermano y madre, simplemente le dijeron que a las hermanas no se tocan. Todos ellos están ciegos y enfermos de no querer ver. Un ejemplo, en un caso parecido es el libro "We Need to Talk About Kevin". El niño pequeño Kevin muestra señales de su psicopatía desde muy temprana edad, la madre se da cuenta y trata de alertar al padre, el cual esta renuente a creer. Muchos psicópatas saben cómo ocultar su "trastorno de personalidad", y muchos no son sancionados por su maldad aquí en la tierra.*

Parte de mi trabajo como escritora consiste en identificar los "comportamientos" y ayudar a otras familias como proteger el medio ambiente de sus seres queridos. ¿Cómo podemos proteger a los seres queridos de los psicópatas y sus ataques? ¿Cómo podemos proteger a los abusadores de niños? Parte de la protección es identificar quiénes son estos atropelladores sexuales (violadores de niños) /psicópatas. Educándonos podemos protegernos antes

*de que nos ataquen. **Una nota importante es nunca dejen a sus hijos "solos" con un psicópata o alguien que para ustedes sea familiar. No confié en nadie cuando se trate de sus hijos.***

La idea de este libro es crear conciencia y ayudar a identificar la "mordida de la serpiente" antes de que nos muerda a nosotros. Les expiraré las técnicas de manipulación y engaño que estas personas utilizan para ganarse la confianza de todos y luego atacar. Es importante identificar quienes son estas personas, para poder crear un mundo más mejor y más seguro para nuestros hijos. Además, parte de mi trabajo es alertar a la comunidad de cómo son estos individuos, prevenir es educar.

Las Victimas

*Las víctimas que son abusadas cuando niñas son el mejor recurso y el más potente en proveer información para proteger los niños de los abusadores, y los predadores sexuales. Las personas que han sido objeto de abuso sexual son los mejores "informantes", como resultado de sus propias experiencias. Podemos hablar sobre el corruptor y podemos proporcionar información detallada en relación al abuso. A veces las víctimas no hacen nada por muchas razones una de ellas es el miedo y la vergüenza. Muchas víctimas tratan de ignorar lo que paso en sus mentes, y las memorias solo son eso memorias reprimidas. Muchas víctimas que han sido abusadas están asustadas o no están preparadas emocionalmente para expresar. La realidad es muy cruda, y solo los que han experimentado el trauma pueden entender lo difícil que es expresar lo que paso. Los hermanos se suponen que debe proteger, no hacerte daño a sus hermanas. **El psicópata sabía lo que estaba haciendo, lo que lo hace peor ser humano y sigue siendo el ser más repugnante porque vive su vida sin conciencia, sin dignidad, y sin amor.** Él no es capaz de sentir, está muerto por dentro, los que crean que el siente amor están errados, es todo una "pantalla". Un buen ejemplo es la película "The Good Doctor," en ella podemos observar que el doctor hizo todo lo posible para que la paciente se quedara en el hospital, solo para saciar sus ansias y no perderla. Pero la psicopatía del doctor hizo que la paciente falleciera y el como si nada. Las acciones del ex -hermano mediano son* *incomprensibles si no entendemos lo que es la psicopatía. A menudo, las víctimas no pueden entender cómo la información puede proteger a otros, y por eso se mantienen en secreto. Por otro lado, el escritor le dijo a su madre y hermano mayor sobre el abuso y no creyeron y no hicieron nada contra el agresor; **por eso digo que fui criada por animales, la reacción de la familia es absurda.** La madre sigue **aceptando que el psicópata siga haciendo delas suyas.** El psicópata actualmente vive en su casa aprovechando la ventaja de vivir gratis, y sigue tirándose fotos en Facebook. La campaña constante de la madre protegiendo al abusador, la psicopatía del abusador, la constante manipulación han hecho posible que la gente piense o crear otra cosa. Este escritor ya se cansó de ver y escuchar tanta ignorancia y de ser juzgada sin **haber hecho nada, al contrario fui juzgado por todos por decir la verdad, y en este momento de mi vida me da igual si no me creen o no.** Los hechos solo rebelan la campana de la madre para atapar al agresor y la psicopatía del hermano mediano. ¿Cuáles son las razones para mentir sobre estos actos horrendos? ¡Ningunos! Porque lamentablemente es cierto. Una vez que termine con este libro ya no tengo porque pensar o leerlo otra vez, simplemente este libro es una base de información para los demás. Aunque nadie lea este libro, este forma una protección para mi familia actual, para que en un futuro estén alertas de que fue lo que paso, quien es quien y no tengan que lidiar jamás con el agresor.*

No obstante, tras decirle a mi hermano mayor sobre el abuso, me dijo que no era cierto en mi cara y se ha mantenido en contacto y afecto con el agresor. El psicópata tiene control sobre ellos y ha sido capaz de manipularlos con la ayuda de la madre a que crean que él es bueno. De bueno no tiene ni su sombra, es un diablo en persona. Pero el libro no es para ellos, es para ustedes los lectores. Parte de mi trabajo escribir sobre la psicopatía es exponer la verdadera máscara del abusador. El fundamento es basado en la experiencia personal y cómo lidiar con un verdadero psicópata. La incapacidad de ver el otro lado de la realidad es una referencia sobre la forma de tratar con el otro lado, que se esconde, manipula, que presentan falta de emoción y remordimiento, verbosidad, encanto superficial, mentiras patológicas, mal comportamiento, comportamiento sexual promiscuo y muchos otros factores establece que el hermano mediano es un psicópata y abusador sexual de menores. El psicópata es mencionado en este libro solo como ejemplo de su psicopatía, manipulación. El psicópata es un ejemplo perfecto sobre como los psicópatas esconden su marcara atrás de todos los que no pueden ver "La imposibilidad de ver el otro lado de la realidad."

III

¿Qué es la Psicopatía?

Psicopatía es un estado psicológico en el que el individuo muestra una **profunda falta de empatía por los sentimientos de los demás, conducta inmoral, antisocial (obteniendo ganancias a corto plazo) y egocentrismo**. Los psicópatas no saben lo que son las consecuencias debido a sus comportamientos, les gusta el riesgo y son relativamente insensibles al castigo. El egoísmo interno no los deja ser disuadidos por las reglas o sanciones sociales. Aparte de ser insensibles y de cuidar de sí mismos los psicópatas son predadores, cualquiera que pueda alimentar su necesidad en el momento podrá ser su presa o su botín. Un tema de gran preocupación es que muchos de ellos están muy cerca de nosotros, pueden ser las personas que están al cuidado y la supervisión de sus víctimas.

Los psicópatas sufren de un mayor riesgo llamado la agresión pro-activa. La agresión pro-activa es planificada y controlada por el psicópata; por ejemplo: para obtener drogas o sexo, o simplemente para establecer dominio de sus víctimas. El objetivo principal no es necesariamente lastimar, es simplemente obtener resultados deseados y satisfacer sus ansias. De la agresión surge una reacción emocional que forma la herramienta necesaria para lastimar a los demás. Agresión reactiva, por otra parte, es impulsiva, fundada en emociones de amenaza o ataque y enojo.

Los psicópatas son superficialmente encantadores y seductores; a menudo pueden aprovechar de los demás porque saben cómo actuar para ganarse a los demás, sencillamente diciéndoles lo que quieren oír. Son también amables y amistosos, esto forma parte de la estrategia para conseguir lo que quieren. Para un psicópata una sonrisa amable, una mentira, un abrazo cariñoso, son utilizados como herramientas para sus marañas, ya *que ellos saben exactamente lo que están haciendo. Si bien es cierto que las personas que cometen sistemáticamente actos egoístas de alguna manera son conscientes del daño que están causando. La realidad de los psicópatas es diferente, a ellos no les importa humillar o lastimar a los demás. Sin embargo, algunos hacen delitos que no son graves, y saben cómo manejase para evitar implicarse con la justicia. Sin embargo muchos psicópatas no son detenidos por la policía por delitos cometidos, muchos saben ocultar "su fachada" detrás de la ley.*

*Los psicópatas y los abusadores de niños usan sus habilidades para controlar y dominar a sus víctimas hasta el final. **Ellos tienden a usar amigos, colegas y miembros de la familia a cubrir sus rasgos**. Es aterrador cómo pueden ser extremadamente manipuladores con sus víctimas, y como pueden mantener el control de ellas.*

¿Distingamos quiénes son los psicópatas?

IV

Características de la Psicopatía – Teorías

En esta sección David Lykken nos explica quiénes son los psicópatas. Al igual que el escritor explora su historia. También hablaremos sobre las diferentes personalidades y las categorías de la psicopatía. Muchos estudios indican que los psicópatas tienen sus actividades cerebrales anormales. La psicopatía es definida como una constelación afectiva, interpersonal de diferentes comportamientos que se caracteriza por un individuo manipulador, con un encanto ingenuo, irresponsable, egoísta, insensible, impulsivo, agresivo, sin empatía, sin sentimientos, y sin remordimiento. Debemos entender que la psicopatía no es una enfermedad mental, es un trastorno de la personalidad. Investigaciones han demostrado que las personas que tienen trastornos de personalidad o muestran rigidez en su pensar, al sentir y sus comportamientos deterioran su funcionamiento.

La psicopatía se define como un trastorno en la personalidad "dominante", en la que existe un desprecio 'grandioso' por los sentimientos de los demás y las normas de la sociedad. Estos trastornos de personalidad se caracterizan por diferentes tipos de personalidad y son diferentes a las expectativas sociales y el comportamiento en la sociedad. ¿Quiénes son estas personas? A menudo pensamos que los psicópatas son criminales y son capturados y están en las cárceles. Muchos se hacen pasar por locos y que tienen una enfermedad psicológica, y no es así. Dr. Hare nos explica que los psicópatas utilizan su comportamiento antisocial como resultado de una deficiencia mental, lo cual no es. No todos los psicópatas son asesinos. Los psicópatas pasan por la vida con suprema confianza en sí mismo, pero sin conciencia y sin sentimientos.

¿Por qué es importante esta investigación? Esta investigación se basa en la experiencia personal del escritor que fue sexualmente abusada por un psicópata. Esta investigación también podrá ayudar a las personas que fueron víctimas de abuso sexual comprender e identificar las personalidades de los psicópatas y sus características. Neumann analiza la psicopatía como uno de los más reconocidos trastornos de personalidad. Este escrito presenta una equilibrada investigación comparativa entre las mujeres y los hombres psicópatas.

El Doctor Hare explica, que es importante realizar más investigaciones para identificar las diferentes características dentro de la psicopatía. La personalidad de estos individuos es significativa con la violencia, la agresión, y otras patologías. Este escritor expone las diferentes teorías que se desarrollan en la psicopatía y que revelan los fundamentos del trastorno de la personalidad. El propósito de este estudio es examinar los factores del entorno familiar, historia de maltrato, factores neurológicos, y factores de predicción psicopática.

Dr Karpman nos ayuda a distinguir entre la psicopatía primaria y secundaria basada en investigaciones posteriores sobre las teorías y sus variantes. Es importante reconocer las teorías y la asociación entre la psicopatía primaria y secundaria. Los psicópatas quieren todo para ellos o ellas y siempre quieren ganar. Son narcisistas, tramposo y malvados. Los psicópatas pueden ser catalogados como cazadores acechando a una presa. Los pasos son los siguientes, primero, identifican la presa, segundo, encuentran el lugar adecuado para la caza, y al final atacan.

Dr. Karpman

Según Dr. Karpman la diferencia entre ellos es basada en la **etiología**. Los psicópatas secundarios suelen ser más afectivos que los primarios. Muchos psicópatas se caracterizan por su trastorno afectivo que se desarrolla como resultado de interacciones nocivas con el medio ambiente. Algunos muestran signos de psicopatía primaria en su personalidad, tal como egocentrismo, manipulación, engaño, y falta de remordimiento hacia sus víctimas y el universo.

Karpman nos explica que los psicópatas secundarios pueden manifestar emociones. Dr. Karpman declara que los psicópatas secundarios desarrollan rasgos de psicopatía para poder hacer frente a condiciones adversas como el abuso y rechazo. Muchas de las conductas son basadas en factores tales como el alcoholismo, abuso y abandono familiar. Según Karpman, los padres que presentan una adicción al alcohol o drogas tienen más probabilidades de tener hijos que desarrollan psicopatía e otras discapacidades neurológicas. Karpman teoriza que los psicópatas primarios y secundarios pueden diferir en su núcleo afectivo y las relaciones interpersonales y los niveles de impulsividad y agresión puede variar. Los psicópatas pueden llegar a sentir emociones hacia los demás. **Dr. Karpman argumenta que la psicopatía secundaria puede conllevar a la depresión y a la ansiedad.**

Dr. Hare

El Dr. Hare describe a los psicópatas como **depredadores que utilizan su encanto, la manipulación, la intimidación y la violencia para controlar a los demás y para satisfacer sus propias necesidades egoístas.** Muchos aplican **la persuasión** para conseguir lo que desean, utilizando el encanto para intimidar y manipular. Esta actitud intachable de manipulación y de encanto es manifestada para mostrar a los demás que puedes confiar en ellos, haciéndose pasar como personas morales y buenas. Los psicópatas son hábiles en decir una cosa y hacer otra o emitirle a los demás siempre diciéndoles los que ellos quieren escuchar. Sus habilidades de manipulación forman parte del plan para ganar tiempo y planear su ataque; son extremadamente influyentes. La incapacidad de sentir empatía por los demás los lleva a hacer cosas terribles.

Dr. Karpman también considera que los psicópatas primarios tienen una **"conciencia ausente"**, mientras que los psicópatas secundarios tienen una **"conciencia perturbada."** Según Dr. Karpman los psicópatas secundarios experimentan el mismo nivel de hostilidad como los psicópatas primarios. La única diferencia entre los psicópatas primarios y secundarios es que los secundarios pueden ser capaces de experimentar emociones humanas superiores a los psicópatas primarios como la empatía, la culpa, el amor o el *deseo de aceptación. Por eso el hermano mediano el "psicópata" pude pasare como desapercibido entre los demás debido a su psicopatía secundaria o primaria. Esto no quiere decir que se puede confiar en ellos, simplemente es más difícil el poder percatarse de su psicopatía y eso los hace más maliciosos. Los psicópatas primarios son menos impulsivos que los psicópatas secundarios. Los secundarios saben cómo controlar su psicopatía para no ser atrapados por la leí. Esto no quiere decir que son inteligentes, simplemente saben escoger a sus víctimas y las circunstancias apropiadas para no ser atrapados. Ósea en general los psicópatas pueden percibir quien es más débil, quien es más fuerte (emocionalmente), por supuesto atacan a los más débiles, porque son fáciles. Dr. Karpman indica que los psicópatas primarios a menudo actúan para ganar algo y siempre actúan para su propio beneficio. Mientras que los psicópatas secundarios a menudo actúan por sus emociones como el odio y la venganza.*

V

Tres Signos Importantes de Repaso

Tres signos importantes para recordar y reconocer la psicopatía: La comunicación oral, mentiras y las manipulaciones.

Comunicación Oral

Los psicópatas saben que son diferentes, uno de los puntos importantes es que son geniales en la comunicación oral y puede saltar en cualquier conversación sin timidez. Por ejemplo, uno de los signos es que pueden establecer una comunicación con cualquiera, pueden incorporarse a una conversación sin sentir vergüenza o timidez. Algunos tienen grandes talentos para aceptar las críticas de la gente y muchos hacen fácilmente amigos. Siempre tratando de conseguir lo que quieren de cada amigo, pariente o a quien les puedan sacar algo. Es muy fácil para ellos recopilar información acerca de los demás y encontrar lo que le gusta, y lo que necesitan. Ellos usaran todo lo que a los demás les guste para emborracharlos en sus mentiras. También, son muy avilés para darse cuenta quienes son los más débiles, y como sacar provecho emocionalmente a los más necesitados. Por ejemplo, el psicópata ex hermanó mediano, sabía que en un momento en mi vida cuando niña nadie me ponía atención, y que estaba falta de cariño, etc... El pilló esta oportunidad para aprovecharse y atacar. Un hermano que le hace daño a su hermana pequeña no es considerado hermano, es considerado un asqueroso, psicópata, y un enfermo sexual. El deber de los hermanos es proteger, cuidar, y amar, no manosear, usar, ultrajar a los hermanos. Esto es considerado psicopatía en familia, ya que les es más fácil utilizar a una hermana que está cerca que buscar a un extraño en la calle, que le tomaría más tiempo.

No cabe duda de que son avilés en la comunicación y se dan cuenta fácilmente cuáles son las necesidades de los demás, las actitudes, las debilidades y vulnerabilidades. Utilizan la sabiduría de la vida para su propio progreso. El mundo y los seres humanos son un juego para ellos, manejando a las personas como marionetas constantemente tratando de ganar "algo," para ellos. Ellos son fuertes en algunos aspectos, pero ignorante y estúpidos en otros.

La Mentira

¿Por qué mienten? Para los psicópatas es fácil mentir y es algo normal para ellos, porque no tienen conciencia. La mayoría de la gente no percibe sus mentiras, ya que son basadas en la psicopatía. La mentira sirve para muchos propósitos, como para aplacar desconfianzas y preocupaciones de las víctimas y para fortalecer la ficción.

Ellos son artistas al crear sus historias y explicaciones convincentes. Estos individuos son incapaces de mostrar sentimientos, no pueden sentir, no tienen cara, no tienen ninguna emoción y proyectan sus historias sin utilizar expresiones faciales. Dr. Hare explica que ellos son "artistas" al crear sus historias y explicaciones convincentes. No sólo son artistas, pero también se destacan como asesores o ejecutantes. Más libros deberían ser escritos sobre las experiencias de víctimas o personas que han tenido que lidiar con psicópatas.

La clave principal para entender al psicópata, es poder ver detrás del espejo de la psicopatía. Ayuda mucho abrir los ojos y darnos cuenta cómo actúan las personas alrededor nuestro.

La única manera de conocer y descubrirlos es por medio del aprendizaje, leyendo e informándonos. Es importante distinguirlos, no por lo que tratan de aparentan si no por lo que son realmente. Igualmente, debemos recordar que son mentirosos. La mayoría de los espectadores no pueden ver a través de las mentiras, pero si nos concentramos en el "detalle", lograremos ver sus verdaderas identidades. Todo está en el detalle, por ejemplo una persona que conocí presento signos de psicopatía, uno de los signos es que te miran como si quisieran entrar en tu mente y descifrar quien eres y lo que piensas. Existen muchos niveles dentro de la psicopatía.

Igualmente, muchos se revelan, por como caminan, como hablan y cómo actúan. Si ponemos atención y separamos lo que son con lo que aparentan, nos daremos cuenta que estamos lidiando con un psicópata.

El Dr. Hare nos explica, que los psicópatas mienten y convencen a todos dando explicaciones con encanto, con el fin de reforzar un clima de confianza, aceptación, creando una verdadera delicia. Se convierten en maestros de la mentira haciendo creer que son un ejemplo para la sociedad. Su principal objetivo en la vida es crear aceptación y que todos crean lo que hablan. Esto sólo les da poder para seguir mintiendo y poder manipular a millones de personas.

Manipuladores

Los psicópatas son excelentes manipuladores. El psicópata (ex hermano mediano) utiliza la manipulación para crear un clima de confianza entre todos en la familia, incluyendo a la madre que lo escucha y actúa semejante. Los manipuladores buscan oraciones perfectas, para poco a poco conseguir lo que ellos creen es suyo para llenas sus ansías. Al mentir sin sentimientos o sin emociones, se les hace más fácil seguir haciendo lo que quieren. La obligación y el trabajo no se detendrán hasta obtener lo que quieren o necesitan en el momento para llenar sus caprichos. Ellos perciben la vida como un juego. Sus mentes están aclimatadas a un juego de mesa, manipulando a sus jugadores. Los manipuladores son por naturaleza abusadores que se aprovechan de las "debilidades" de los demás. Está comprobado que la vida de estos individuos es fabricada para hacer el mal, incluso llegar a cometer abusos contra personas inocentes y niños. Los manipuladores utilizan un conjunto de circunstancias personales para manipular a sus víctimas. Es muy importante entender que ellos "siempre" están en vigilancia de sus víctimas. Si no nos percatamos de esta vigilancia, el objetivo de ataque será más fácil. Los niños que están en riesgo son los que los padres se sierran o niegan a entender que si existen los abusadores de niños, y que uno de ellos puede estar muy cerca de sus hijos. Un ejemplo es el caso en un pequeño vario en Alaska, donde un residente arreglaba bicicletas de niños, según el para ayudarlos, la realidad era otra, al final este inquilino violo, abuso sexualmente y asesino a uno de los niños. Muchas veces estos manipuladores buscan a los niños, ya que nunca han aprendido a relacionarse positivamente con los adultos. Así es como comienza el peligro y es nuestro deber es estar parados. Los miembros de la familia deben estar conscientes de las personas alrededor de nuestros niños, como también los manipuladores, delincuentes, muchas veces logran rodear la vida del menor.

VI

La Infancia Factores de Riesgo

Recuerdo cuando éramos pequeños, lo mucho que me molesta. El psicópata mediano me sujetaba mis pies, para controlarme y no dejarme andar, me hacía llorar mucho. Todo lo que ellos quieren al abusar es controlas a sus víctimas. Siempre me asustaba su control y comportamiento. Muy frecuente, los hijos del medio crecen con problemas y sentimientos de abandono. Escuche día a una tía hablando sobre el psicópata que tenía un montón de problemas para socializar con otros niños. Sus problemas empezaron desde una temprana edad y mi madre lo sabía, y como siempre lo ocultó. La psicopatía aparece más tarde en la vida, pero muchos nacen con el trastorno de la personalidad.

Las investigaciones indican claramente que el trastorno puede que exista en los niños, hay pruebas de acciones que revelan síntomas en psicopatía, por ejemplo, los psicólogos revelan que los niños que abusan de animales, propiedades y personas cuando menores son más propensos a la psicopatía. También, investigadores mencionan que la edad clave para el cambio suele ser a los 15 años o después. El conflicto radica en un patrón persistente de conducta antisocial entre la infancia y la adolescencia; incluyendo violaciones de las leyes, agresión a los animales o a otros niños, destrucción de propiedad, engaño, robo y muchas otras infracciones en la sociedad. Hay seis diferentes diagnósticos en el DSM-IV de la infancia y la conducta antisocial:

1. *El Trastorno Negativa Desafiante (ODD) - Estos niños y adolescentes suelen presentar un patrón de comportamiento desobediente, desafiante y resistencia a las figuras de autoridad, aunque estos no son tan graves como el trastorno de conducta. Incluyendo problemas de temperamento,*

frecuentes discusiones con los adultos, la ira y resentimiento. Además, los niños/adolescentes desafiantes les agrada molestar a los demás.

2. *Trastorno del comportamiento perturbador no especificado (DBD-NOS) - Esta es una categoría para aquellos que muestran un comportamiento que no cumplen con los criterios del diagnóstico.*

3. *Trastorno de adaptación: Con alteración mixta de emociones y conducta, se trata de un molde de comportamientos antisociales.*

4. *Trastorno de adaptación: Con alteración de conducta: Esta opción es similar a los otros trastornos de ajuste, pero con comportamientos antisociales.*

5. *Niño, Niña o adolescente conducta antisocial - Esta categoría forma parte de los comportamientos antisociales aislados no indicativos de un trastorno mental.*

VII

Abusadores Sexuales de Menores /
Habilidades Sociales

*"Un psicópata/abusador sexual de menores inventa la realidad para ajustarla a sus necesidades" (Grondahl, 2006). Esta investigación es basada entre la psicopatía y el abuso sexual a menores de edad. El Dr. Cleckley menciona que si dictaminamos a estos individuos psicológicamente en la conducta, la actitud, con el material obtenido en un examen psiquiátrico, los psicópatas no muestra ningún sentido de la "vergüenza". El psicópata mediano, después de abusar a su hermana (de 11 años), no mostraba emociones, no hay indicaciones de arrepentimiento, actúa como si nada ocurrió. El **Dr. Cleckley nos explica que los psicópatas están siempre llenos de vulnerabilidades y son más insensibles que el hombre común.***

El psicópata mediano descarta lo que son las normas morales y la humanidad. Igualmente, podemos añadir que el sufre de un tipo de enfermedad sexual o disfunción sexual. Su comportamiento fue siempre de "superioridad" y "grandeza". La realidad fue construida para su ventaja, sin arrepentimiento y sin consecuencias por sus acciones. Gracias a esta investigación sobre la psicopatía, (trastorno de la personalidad) los lectores podrán entender claramente las acciones y el comportamiento de los abusadores de menores, los psicópatas. Ellos son oportunistas y planean con detalle sus mentes "baratas" y "perturbadoras" para hacer de las suyas y sin consecuencias. Así son calificados los psicópatas clásicos. Dr. Hare nos menciona, que los psicópatas carecen de conciencia y sentimientos hacia los demás, ellos fueron fabricados con sangre fría, hacen lo que quieren, violando las normas sociales y las expectativas sin el más mínimo sentido de culpabilidad o de pesar.

Investigaciones recientes indican que existe una relación entre personalidad psicopática y la violencia sexual en la adolescencia. Dr. Shohov nos señala, que la relación entre el niño y el abusador de menores es menos clara. Basado en resultados de la investigación, podemos sostener que algunos delincuentes sexuales pueden ser clasificados como psicópatas sexuales, desviaciones sexuales criminales cuyo comportamiento es dirigido hacia las víctimas y que están motivadas principalmente por emociones y por oportunidades (Shohov, 2002). La investigación contribuye a una mejor comprensión de dichas personas y mejorar este proceso. Un factor que contribuye significativamente a la delincuencia en general y comportamiento desviado sexual y abuso sexual de menores, es la constelación de características cómo la psicopatía (Shohov, 2002). Los psicópatas sexuales nos afirman que sus comportamientos son vasados por el tipo de víctima, el momento, y las necesidades sexuales (Porter 2000).

El Dr. Porter planteo la hipótesis de los individuos psicópatas son sobre-representados a los delincuentes que ofenden sexualmente contra una variedad de víctimas. Los abusadores de niños son oportunistas, utilizan las condiciones y parámetros para cometer sus crímenes. Estos buscan blancos fáciles, en su mayoría niños, a quienes conocen y tienen una relación. El psicópata hermano vio una oportunidad de satisfacer su apetito sexual y la tomo. Fui abandonada por los padres, y esto hizo el ataque más fácil para él. Lo que ayuda a alimentar al psicópata es la mentira sin tener reacciones fisiológicas. Mentir es su principal arma. La mentira es la justificación de que ellos tienen el derecho de hacer daño y el hecho de mentir es tan natural como respirar. Cuando quedan atrapados en una mentira, ellos difunden más mentiras para poder escapar mediante la creación de falsedades.

¿Quiénes son los "abusadores de menores?" son los primeros en congraciarse con los adultos con el propósito de estos permitan el libre acceso a los niños inocentes, esto es debido a la ignorancia de los adultos (Van Dam, 2006). Los abusadores de niños también son una amenaza hacia las personas que están falta de cariño, ingenuos, son nobles, falta de amor propio, demasiado amables para defenderse, demasiado tímido y con necesidades de amor. Muchos abusadores de niños intencionadamente se asocian con adultos que

no se dan cuenta de sus marañas. La Dra. Dam menciona en su libro, "La Sociedad y los Abusadores de Niños Calificados", los niños que corren mayor riesgo de sufrir abusos sexuales son aquellos que viven rodeados de adultos que no tienen estómago para aprender sobre el abuso sexual infantil. Estos adultos por lo tanto, puede que accidentalmente sean más propensos a dar la bienvenida a abusadores de niños en sus hogares, en organizaciones o comunidades, ignorando sospechas sobre estos individuos. La ignorancia los hace más débil. Estos abusadores de niños (que son adictos a tener relaciones sexuales con niños) son más probables que aparezcan o estén siempre donde hay niños. A veces, todo lo que necesitan hacer es entrar en un chat y establecer una cita con un niño sin permiso de los padres. Los niños sin custodia están más a arriesgo a estos individuos, debido a que se encuentran constantemente sin protecciones de los padres. Por ejemplo, ellos utilizan la manipulación de amigos, familiares, conocidos, compañeros y profesionales para fomentar situaciones en que puedan molestar y tener respaldo en su defensa por si son atrapados. El aseo del entorno social sigue siendo incluso después de que un delincuente admite o está condenado. En este caso el delincuente el psicópata, ofreció a cuidar de su hermana pequeña y a la vez abusar de ella. Ellos se hacen los buenos, los que ayudan a los demás como una característica más para estar cerca de los niños. Es un fragmento que se refiere a la manipulación. Es importante comprender que los psicópatas son extremadamente manipuladores, y utilizan el trastorno de personalidad para abusar de niños o víctimas.

Una Observación

Cuando un niño ha sufrido abusos, tienen una discapacidad para decodificar expresiones faciales. Los niños que han sido víctimas de abusos serán menos hábiles a la hora de decodificar las expresiones faciales y las emociones y son clasificados como socialmente incompetentes.

VIII

Estos son algunos de los pasos:
La Nueva Mariposa

✓ *Revelar la rabia e impotencia hacia la situación, escribiendo o hablando o en terapia.*

✓ *Descubrir la rabia e impotencia hacia la madre o la persona que no te protegió, los síntomas de rabia y enfado desaparecen.*

✓ *Cuando logra contactarse con estos sentimientos inconscientes, podrás elaborar la situación traumática, y luego perdonar y perdonarte a ti misma, y no sentirse más culpable.*

✓ *Destapa tus sentimientos hablando claramente con la familias personas amadas al naufragio, habla y se consiente por el bienestar de ellos y por el tuyo. Porque si tú no eres "FELIZ" es muy difícil hacer feliz a tus seres queridos*

✓ *Encuentra los sentimientos que nos hacen infeliz y pon un "Stop"*

✓ *Para de "TAPAR" y esconder lo que te mortifica y revelarlo, o decirlo libre mente*

✓ *Escribe lo que te molesta y luego lo lees más tarde*

✓ *Haz paz contigo misma o mismo, tú no eres culpable por los comportamientos y los abusos de los demás*

✓ *Quiérete a ti mismo, haz cosas que te alaguen solamente.*

- ✓ Rodéate de personas positivas, las negativas las dejas a tras poco a poco. Si es un familiar que te impide ser feliz, suelta la relación, si vives con la persona, múdate lo antes posible. Si no tienes recursos para mudarte, ignora y trata de no hablar nada personal, o a fondo con esta persona no vale la pena, ella o él no te entenderá jamás

- ✓ Ignora a las personas que no te entienden, simplemente no tienen la capacidad. No importando quien sea, puede ser un doctor, doctora, un familiar o una amiga.

- ✓ Cuando entiendes quién eres, y lo que te molesta podrás criar mejor a tus hijos

- ✓ Habla, ayuda a los demás. Primero tú y luego los otros

- ✓ "Hay cosas que hay que contarlas antes de que sea demasiado tarde"

- ✓ Luchar por salir del dilema, porque aunque nos abusen, nos maltraten, nos abandonen, está en nosotros seguir adelante por nosotros mismos, no por lo que nos pasó

- ✓ No le des tanta importancia a los abusadores

- ✓ No dejes el trauma o lo que te hicieron te lastime toda una vida

- ✓ Supérate, estudia, trabaja, mirando siempre adelante

- ✓ No les des el gusto a nadie de hacerte sentir menos preciada o preciado

- ✓ No arrastres a tu familia (presente) por lo que te paso, simplemente para poder sobrevivir tienes que ser una nueva persona, una nueva MARIPOSA

- ✓ Ya no eres victima eres una sobreviviente

- ✓ Creaste tu Nueva Persona, tu Mariposa.!! Ahora podrás VOLAR ¡¡

IX

Resolución de Conflictos

Este escritor busca la resolución de conflictos, una forma es soltando la irritación, la rabia, el resentimiento y la decepción. Es importante entender lo sucedido, quienes somos, a donde vamos, que nos molesta, que nos irrita y dejarlo ir. Debemos dejar ir toda situación, persona, o comportamientos que nos hace sentir menos preciados o indignados o que nos recuerde situaciones desagradables del pasado, en el presente. Hay que decirle "no" a todo lo que sea adictivo. No podemos cambiar el pasado, pero podemos cambiar nuestro futuro y el de nuestros hijos. Ayuda muchísimo escribir sobre el suceso y recopilar toda la información. La experiencia me ha ayudado ver el otro lado de la realidad, la realidad del abusador y psicópata que muchos no ven. Por razones prácticas la mayoría de las personas dependen y actúan para agradar a los demás. Es lo peor que puedes hacer, este escritor actúa de manera sabia, siempre con los ojos abiertos, escuchando y observando cómo actúan los demás. Es importante añadir, que aunque vengas de una familia horrenda como la mía, siempre piensa que eres diferente, y que puedes cambiar y hacer tu propia familia sin imitar la familia negativa que dejaste atrás. Es necesario que lo hagas, que te liberes de las cadenas de dónde vienes.

La experiencia de vivir con un abusador de niños y psicópata me hizo entender claramente como ellos utilizan el engaño, saben ocultar su máscara y su manipulación. Sus acciones los convierten en expertos a la hora de conseguir la aceptación de los demás. No importa cuántas veces puedo ilustrar los factores, los lectores podrán entender cuándo se encuentren cara a cara con un depredador e incluso aun cuando nos enfrentamos a los depredadores puede ser que no veamos a través de ellos. Debido a la psicopatía, ellos son difíciles de capturar debido a que no tienen *sentimientos y pueden mentir sin emociones. El delincuente siempre sabe ocultar la verdad sobre sí mismo a los demás. Porque ellos han aprendido a leer las reacciones de los demás y saben distinguir a las personas débiles, falta de cariño y a las que no los son. Ellos son hábiles y engañadores. La resolución fue escribir este libro para crear conciencia en la psicópata. Al mismo tiempo, este escritor pudo aprender ¿cuáles son las características del psicópata? Esta investigación me abrió los ojos y también los ayudara a ustedes los lectores. Como alcohólicos los delincuentes sexuales nunca se curan. La relación con ellos debe basarse en el escepticismo. Lykken nos explica que la mayoría de los comportamientos antisocial son causados por la mala crianza inadecuada de los padres, los padres ausentes y madres que descuidan a sus hijos. Tal vez el niño les frustra o tal vez las aptitudes de los padres son diferentes y en cualquiera de los casos, el niño actúa a su forma. Lykken llama a estos niños psicópatas. Es responsabilidad de los padres educar, cuidar y entender a sus hijos, algunos de los rasgos son expresados en los niños a través de la violencia. Los niños propensos a la psicopatía pueden cambiar en el futuro, pero con la ayuda de los padres. Según Karpman los psicópatas viven en todas las culturas y se considera que sólo los psicópatas secundarios son susceptibles a tratamiento debido a sus comportamientos. Muchos no se curan, porque todos en general tienden a mentir, estafar, engañar, para ellos es muy común la mentira. En sus vidas mentir funciona bien sobre todo a la hora de acceder a sus compañeros y a los recursos necesarios para la supervivencia.*

Los padres deben de enseñar a los niños el peligro y como identificar a estas personas, para evitar que suceda otra vez. Es importante entender las señales de alerta en los niños abusados, por ejemplo, un cambio brusco en el comportamiento del niño puede ser una señal de que existe un problema y debemos actuar en alerta y ayudarlos a expresar sus sentimientos e identificar el origen.

La investigación y el análisis de la psicopatía ha llevado a una gran revelación sobre lo sucedió y el por qué. La resolución de Conflictos forma parte de comprender y reconocer la patología de un trastorno de la personalidad que es la psicopatía. Es importante instruirnos con el fin de entender y evitar la repetición de los incidentes que ocurrieron en este escritor al exponer al psicópata ex hermano. La resolución de conflicto trabaja si podemos ver "la otra cara de la realidad" y poder tener la habilidad de entender la otra realidad que se esconde en una sonrisa, o una broma mal hecha. Los miembros de la familia todavía creen en el abusador, todavía algunos de ellos tienen "La Inhabilidad de ver el otro lado de la Realidad", por eso este conflicto no se arreglara sin su ayuda. Una vez que lleguemos a la realización de lo que nos ha sucedido y tengamos la capacidad de entender el por qué nos sucedió, por qué tanta maldad, porque tanto abuso, y por qué esa persona nos trató tan mal, solo entonces nosotros mismos podemos recuperarnos de tanto daño. Es hora de recuperar y convertirse en el nuevo "yo".

La Relación

En un clima interrumpido el niño se enfrenta a un desarrollo fatal. Debes de buscar la forma de ser "tú mismo" otra vez, esto forma parte de la resolución. Tenemos que encontrar la manera de desarrollar un sentido de confianza básica y seguridad con todo lo que nos rodea. Hay que desarrollar "el sentido de ti mismo" tu propio sentido y hacernos fuertes antes de relacionarnos con personas que sean insensible, o crueles. Tuve que desarrollar mi propio cuerpo la auto-regulación en un entorno en el que mi cuerpo estaba a disposición de alguien en la familia, el psicópata (medio) hermano. Un niño pequeño no sabe lo que estaba pasando y lo que estaban haciendo con él. Tenemos que crear un ambiente de iniciativa de conformidad con el abuso y el agresor. Por otro lado, el abusador tiene que hacer lo mismo; su trabajo de ocultar es formidable. Te sentirás abandonada sin misericordia; debes encontrar confianza en mi mismo, a fin de preservar esperanza y sentido. Podemos sobrevivir, al igual que muchas personas en cautividad que son objeto de malos tratos de negligencia y el terror. Encontre compasión entre amigos y extraños, que en mi propia carne y sangre. He ejercido compasión hacia los demás y aprendió a vivir una vida libre de dolor.

Investigaciones en el año 2002 indicaron que el abuso emocional en particular radica en el trastorno de personalidad en la vida adulta, así como la despersonalización como un síntoma de otros trastornos mentales, el análisis de un estudio de 49 pacientes *diagnosticados nos indica que los sujetos pueden soportar en su máxima severidad este tipo de abusos (Scott, 2008). Los investigadores llegaron a la conclusión de que el abuso emocional ha sido relativamente descuidado por los psiquiatras en comparación con otras formas de trauma infantil (Scott, 2008).*

X

Resolución después del trauma

Cuando el trauma queda en el pasado, este no representa un obstáculo para la intimidad y para ser feliz. En este momento la víctima ya no es víctima sino que se ha convertido en una nueva persona. Las relaciones en el futuro serán mejores y las ex-víctimas podrán establecer con más energía nuevas ideas y mejores relaciones interpersonales. Si la víctima ya se encontraba en una relación durante el proceso de recuperación, muchas veces el proceso se hace más fácil al igual que la recuperación (la pareja actual me ayudó con el trauma). Tú tienes que darle sentido a tu vida, porque nadie te podrá ayudar, tú tienes las riendas para cambiar tu vida, para ser alguien mejor, para progresar. Nadie lo va hacer por ti, esta es tu responsabilidad.

La resolución del trauma nunca se termina. La recuperación nunca es completa. El impacto del suceso postraumático seguirá vivo través de los sobrevivientes. Es importante encontrar ayuda para recuperarse más rápido, pero lo más importante es buscar paz y la comprensión de los que te quieren y te rodean. Si bien es cierto muchos de nosotros tenemos recuerdos postraumáticos, pero hay un momento en nuestras vidas que podemos decir: "Hoy voy a detener el sufrimiento; hoy, ya NO voy a llorar más". "Hoy es mi tiempo para ser feliz." Dejar todo atrás, perdonarte a ti mismo y crear una nueva vida, con cosas positivas, no negativas. No podemos permitir que los recuerdos nos hagan sentir miserable. Nosotros gobernamos nuestras vidas, y tenemos el poder de cambiar. Hoy es tu día para sentirte bien y quererte a ti mismo, también para poder tú mismo, y dejar que los demás te acepten como eres. Tenemos que repetir a nosotros mismos que estamos bien, ya no somos las víctimas, que nos vamos a apartar de todo lo negativo que está en nuestra vidas, y vamos a buscar nuevas personas, nuevos horizontes con positividad. Nosotros somos los sobrevivientes, y estamos aquí en esta tierra para sobrellevar los traumas, aprender de ellos, y seguir adelante. Es entendible que a veces no es fácil, pero es nuestra responsabilidad seguir adelante, con el fin de sobrevivir y tener una vida mejor. Aunque la resolución nunca es total, a menudo, es suficiente para mí como un sobreviviente vivir mi vida diaria.

Según el libro de Trauma y Recuperación del Doctor Judith Herman, las siguientes normas listadas abajo deben seguirse: No existe un orden en la forma en que gestionan estas etapas. Una puede llegar antes que la otra, sin utilizar orden en la forma de administrar nuestros sentimientos. La parte más importante del proceso es la de estar agradecido por ti y tu vida actual y de los cambios realizados y ordenado por lo que tienes ahora, todo esto forma parte del sistema de recuperación.

1) *Los síntomas psicológicos del trastorno de estrés post-traumático han sido manejables o no-existencia*

2) *Capaz de controlar sentimientos asociados con el estrés post-traumático o abusos, etc.*

3) *La persona tiene la autoridad para administrar sus recuerdos, y a decidir cuándo llevar a cabo y el momento de esconderlos*

4) *Escribe los recuerdos relacionados con sentimientos*

5) *El auto-estima se ha restaurado = Trabajado a diario, es uno de los más difíciles de recuperar. Haz cosas que te hagan feliz todos los días. Es importante sacar las emociones, y a las personas que te hacen sentir mal de tu vida, esto ayuda muchísimo.*

6) *Dar más importancia a tu relación que has establecido.*

7) *La persona se ha reconstruido un sistema coherente para entender la historia y el trauma.*

8) *Mi teoría: cambiar la mente y cambiar la manera de pensar, te ayudará a cambiar. Ser positivo y no tener miedo a ser tú mismo.*

FIN

Referencias

Cleckley, H. (1988). *La máscara de la cordura, Augusta, Georgia: Hervey Milton.*

Grondahl, P. (2006, 13 agosto). *Porco etiquetado como un psicópata asesino.. Recuperado 10 de julio de 2012, de Unión: http://www.timesunion.com/AspStories/story.asp?storyID–50 8011&category=PORCO&BCCode=&newsdate=9/9/2009.*

Hare, R. (1999). *Sin conciencia: el inquietante mundo de los psicópatas entre nosotros. Nueva York: Guilford Press.*

Hare, R. (2003). *Manual técnico de la psicopatía Revisada Lista 2ª ed., Nueva York: Múltiples Sistemas de Salud.*

Karpman, B. (1941). *En cuanto a la necesidad de separar psicopatía en dos diferentes subtipos clínicos: El sintomático y la idiopática. Revista de Psicopatología Criminal, 3, 112-137.*

Lykken, D. T. (1995). *Las personalidades antisociales, Hillsdale, NJ: Lawrence Erlbaum Associates.*

Neumann, C. (2007). *El super coordinar naturaleza de la psicopatía lista revisada. Diario de los trastornos de la personalidad, 21 (2), 102-117.*

Pearson, P. (1998). *Cuando ella estaba mal: ¿cómo y por qué las mujeres con un asesinato, Vintage, Canadá: Canadá Datos catalogación en Publicación?*

Sin, S. (1984). *Dentro de la mente criminal, Times Books.*

Scott, R. G. (2008, 5 abril). *Para sanar las trágicas consecuencias de abuso.Recuperado 14 de julio de 2012, de la Iglesia de Jesucristo de los Santos de los Últimos Días: http://www.lds.org/general-conference/2008/04/to-heal-the-shattering-consequences-of-abuse?lang=eng.*

Shohov, S. (2002). Los avances en investigación Psicología, Volumen 15, Hauppauge, Nueva York: Nova Science Publisher, Inc.

Van Dam, C. (2006). Los abusadores de niños socialmente calificados. Nueva York: Haworth Press, Inc.

Made in the USA
Monee, IL
06 October 2022

15341831R00070